DOCUMENTOS HISTÓRICOS
DO BRASIL

Mary del Priore

DOCUMENTOS HISTÓRICOS DO BRASIL

PANDA BOOKS

© Mary del Priore

Diretor editorial
Marcelo Duarte

Diretora comercial
Patty Pachas

Diretora de projetos especiais
Tatiana Fulas

Coordenadora editorial
Vanessa Sayuri Sawada

Assistentes editoriais
Mayara dos Santos Freitas
Roberta Stori

Assistente de arte
Mislaine Barbosa

Projeto gráfico, diagramação e capa
A+ Comunicação

Colaboração
Carlos Milhono
Edison Veiga
Renato Venâncio

Pesquisa iconográfica
Carmen Lucia de Azevedo
Denise Kremer
Evelyn Torrecilla

Revisão
Ronald Polito
Luicy Caetano

Impresso na Índia

CIP – BRASIL. CATALOGAÇÃO NA FONTE
SINDICATO NACIONAL DOS EDITORES DE LIVROS, RJ

Priore, Mary del, 1952-
Documentos históricos do Brasil / Mary del Priore. – 1. ed. – São Paulo: Panda Books, 2016. 96 pp.

ISBN: 978-85-7888-409-3

1. Brasil - História. 2. Brasil - Civilização. 3. Brasil - Condições sociais. I.

14-18257
CDD: 981
CDU: 94(81)

2016
Todos os direitos reservados à Panda Books.
Um selo da Editora Original Ltda.
Rua Henrique Schaumann, 286, cj. 41
05413-010 – São Paulo – SP
Tel./Fax: (11) 3088-8444
edoriginal@pandabooks.com.br
www.pandabooks.com.br
Visite nossa página no Facebook, Instagram e Twitter.

Nenhuma parte desta publicação poderá ser reproduzida por qualquer meio ou forma sem a prévia autorização da Editora Original Ltda. A violação dos direitos autorais é crime estabelecido na Lei nº 9.610/98 e punido pelo artigo 184 do Código Penal.

SUMÁRIO

1500-1595 – AMÉRICA PORTUGUESA

    Carta de Pero Vaz de Caminha 10

    As cartas e a viagem de Martim Afonso de Souza 12

    Manoel da Nóbrega e o *Diálogo da conversão do gentio* 14

    Viagem à terra do Brasil, de Jean de Léry 16

    Primeira visitação da Inquisição ao Brasil 18

1605-1792 – PERÍODO COLONIAL

    Regimento do pau-brasil 22

    Barleus e a presença flamenga no Brasil 24

    O país por Antonil 26

    Cartas do marquês de Lavradio 28

    Sentença e autos do processo de Tiradentes 30

1808-1832 – PRIMEIRO REINADO

    Abertura dos portos e carta régia 34

    Brasil como Reino Unido de Portugal e Algarves 38

    Manifesto do Fico 40

    Projeto de uma Constituição Monárquica 42

    Cartas de d. Pedro I aos filhos deixados no Brasil 44

1839-1889 – SEGUNDO REINADO

    O Golpe da Maioridade 48

    A escravidão 50

    O café e seus barões 54

    A Guerra do Paraguai 56

    A emancipação e suas leis 58

    O Golpe Republicano 62

1890-1930 – REPÚBLICA VELHA

    A Belle Époque 66

    O racismo científico 68

    Primeira Constituição Republicana 70

    Esportes e o surgimento da paixão nacional 72

    Movimento operário 74

1940-1992 – REPÚBLICA NOVA

    Lei do Salário Mínimo 78

    Carta-testamento de Vargas.. 80

    Carta renúncia de Jânio Quadros 82

    AI-5 84

    Renúncia de Fernando Collor de Mello 86

Referências bibliográficas.. 88

Memorabilia 92

Crédito das imagens 93

A autora 95

APRESENTAÇÃO

A definição da palavra "documento" não é óbvia. Nascido no século XV, o termo define "escritos para esclarecer alguma coisa". Do latim *documentum*, seu sentido etimológico quer dizer "o que serve para instruir". Hoje, a palavra designa o que for certificado, atestado ou testemunho. Designa ainda as provas da vida social e psicológica de uma pessoa. E para o conhecido historiador francês Lucien Févbre, "tudo é documento, logo, tudo é história".

Este livro tem a preocupação de unir todos esses significados com um simples objetivo: transmitir conhecimento. E de fazê-lo de forma lúdica e elegante. Elegante graças à própria qualidade das fontes usadas. Manuscritos, imagens, impressos vocalizam a voz dos ausentes, emprestando ao texto a substância que ele precisa para fazer reviver aos olhos do leitor um determinado episódio histórico. Episódio que convida o leitor a viajar ao passado, para descobri-lo no seu nascedouro. Para perceber como ele foi alcançado, modelado e compreendido.

Com a finalidade de ilustrar, comprovar ou de servir de instrumento de trabalho, o estatuto dos documentos varia. Há aqueles que são incontornáveis e emblemáticos de determinados momentos de nossa história. Outros funcionam como uma porta aberta para um cenário desconhecido. Outros ainda são de ordem patrimonial e estão ligados à construção de nossa memória como povo, cultura e nação. O importante, porém, dizem os especialistas, é que ele seja acessível, que ele suscite interesse e surpreenda. O critério de legibilidade assim como o de atratividade são inseparáveis da originalidade do documento apresentado.

É o que tentamos fazer nesta obra, mas não só. O prazer de estar à escuta de um mundo que desapareceu é um dos nossos objetivos. Pois não se pode escrever história sem contentamento e satisfação. A dimensão edênica na descoberta ou redescoberta das páginas de nosso passado é fundamental. A história, como explica o historiador francês Alain Corbin, não é apenas um documento original, uma questão nova, um problema a resolver. Mas uma lembrança de infância, uma bela escritura, um sonho, um encanto. Convidamos, pois, o leitor a percorrer estas páginas com o mesmo prazer com que as escrevemos.

Mary del Priore

1500–1595

AMÉRICA PORTUGUESA

1500 — CARTA DE PERO VAZ DE CAMINHA

O documento, primeiro registro oficial de um português sobre as terras brasileiras, é considerado uma espécie de "certidão de nascimento" do país, um marco do início da ocupação europeia.

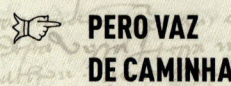

PERO VAZ DE CAMINHA

Nascido no Porto, Caminha pertencia a uma família respeitável e exercia o ofício de mestre da balança de moeda como seu pai. Tinha cerca de cinquenta anos quando se juntou à frota de Cabral com a missão de tornar-se escrivão na futura feitoria de Calicute, costa ocidental da Índia. Ali, morreria chacinado por comerciantes árabes, anos depois.

O branco português se encontra com os indígenas no que viria a ser o Brasil.

"Ervas compridas" chamadas "rabos de asno", o grito de gaivotas, os contornos de "um monte" ao cair da tarde indicaram aos membros da maior armada portuguesa, jamais enviada às Índias, terem chegado a algum lugar desconhecido. O registro do fato foi cuidadosamente anotado na chamada "certidão de nascimento" do Brasil.

Revelada apenas no século XIX, a *Carta de Caminha* é considerada um dos documentos fundadores de nossa história. Há décadas, a denominação pomposa dada pelo historiador Capistrano de Abreu demonstra o sentimento que se tinha então: os portugueses teriam "descoberto" o Brasil. Hoje se sabe que muitos navegadores europeus já tinham visitado as costas da América do Sul. E prefere-se o termo "achamento", usado por Caminha e interpretado por filólogos como uma espécie de busca proposital – busca que iria definir o contato entre diferentes culturas.

CRUZANDO O ATLÂNTICO

A *Carta* trata da viagem da esquadra comandada por Pedro Alvarez Cabral, filho, neto e bisneto de conquistadores, mais militar do que navegador, então com 32 anos, até o Brasil. Tendo deixado Lisboa a 9 de março de 1500 pela manhã, Cabral seguiu os conselhos de Vasco da Gama: que aproveitasse melhor as correntes do Atlântico no rumo do Oeste. Alguns historiadores consideram que dois anos antes Gama teria passado tão perto do Brasil que pôde sentir sua presença.

A continuação da viagem está relatada em outro documento importante, a *Relação do piloto anônimo*, realizada por um dos tripulantes da mesma frota, que inseriu a passagem pela então Terra de Vera Cruz, na longa aventura da viagem até o subcontinente asiático. Ao cotejar os dois textos, vê-se que a chegada às praias do recôncavo baiano não teve na época a importância que o tempo lhe consagrou.

CONSTRUÇÃO DO OUTRO

Em 27 páginas manuscritas e datadas de 1º de maio de 1500, o escrivão Pero Vaz de Caminha informa ao rei de Portugal d. Manuel os principais acontecimentos ocorridos durante a estadia da tripulação no país, bem como as primeiras impressões sobre a terra. Terra povoada por cerca de 3 milhões de "índios", assim chamados, pois, desde a chegada de Colombo à América, em 1492, se acreditava ter chegado às Índias.

Com precisão jornalística, Caminha narra os dez dias que passaram ao sul do litoral baiano: o primeiro contato no dia 23, o sono dos índios no tombadilho no dia 24, a lavagem de roupa no dia 26, a primeira missa no Brasil no dia 29, o erguimento de uma grande cruz até o 2

MARY DEL PRIORE

O BOM SELVAGEM

Outro recurso narrativo usado na época era a projeção. Os nativos seriam bons ou maus? Bons quando ajudavam. Quando indicavam que haveria ouro no interior. Quando auxiliavam a missa ou carregavam os navios com água e lenha. Maus quando se esquivavam e não queriam colaborar.

Em face do comportamento arisco e desconfiado dos indígenas, Caminha os relacionou a animais. Depois de tê-los exaltado – oferecendo elementos para que o filósofo francês, no século XVI, Montaigne desenhasse a imagem do bom selvagem – o escrivão começa a detratá-los: não agradeciam os presentes dados, não demonstravam gratidão, eram gente "bestial e de pouco saber", nada criavam: nem bois, nem galinhas, nem cabras. Do ponto de vista de Caminha, seriam ou colaboradores ou empecilhos para a Coroa.

Caminha não registrou as inúmeras roças à volta das tabas – pois os indígenas conheciam bem a agricultura. Tampouco observou que os índios não estranharam a troca de objetos – cocares por chapéus, por exemplo. Ele encerra a carta com sugestões: que os índios fossem convertidos. Era preciso "salvar essa gente". E que a terra servisse à agricultura. Rios límpidos e abundantes ajudariam e "dar-se-á nela tudo, por bem das águas que tem". Os ares "frios e temperados" eram ótimos. Ouro, prata e metais? Nenhum à vista. O escrivão deixa a Terra de Vera Cruz sem perceber a riqueza do pau-brasil que, no século seguinte, azeitaria o comércio entre as duas margens do Atlântico.

de maio, em que deixaram na praia dois degredados aos prantos.

De caráter informativo, a carta não traz informações científicas ou cosmográficas. Registra, sim, e de forma impressionista, as primeiras reações ao novo. O início do que alguns teóricos denominam "a construção do outro". Para descrever o desconhecido, lançava-se mão da comparação, sublinhando-se as diferenças. A esse inventário, Caminha se dedicou com afinco: os indígenas não saudavam as pessoas como os europeus. Eles eram "pardos, maneira de avermelhados, de bons rostos e bom narizes", andavam nus, tinham cabelos lisos "rapados até por cima das orelhas" e carregavam arcos e flechas. Traziam furados os beiços de baixo e metidos neles ossos brancos. Sua inocência era confirmada pelo fato de não enxergarem seus corpos como instrumentos de pecado. Sobretudo as mulheres. Suas "vergonhas [...] cerradinhas e tão limpas das cabeleiras" não embaraçavam o olhar guloso dos portugueses. E se as "mulheres de nossa terra" as vissem, morreriam de inveja por "não terem as suas como as delas". Deram aos navegantes várias demonstrações de hospitalidade e bom tratamento. E ao som de uma gaita dançaram juntos.

O DESTINO DA CARTA

O documento teve uma trajetória curiosa. Publicado pela primeira vez em 1817, mais de trezentos anos depois de ter sido redigido, ele apareceu como parte da *Corografia Brasílica*, de autoria do padre Manuel Aires de Casal. Essa versão, porém, foi mutilada, pois susceptibilidades do religioso impediram-no de reproduzir passagens mais cruas.

Uma cópia, guardada no Arquivo Real da Marinha, no Rio de Janeiro, teria sido transportada entre outros documentos trazidos por d. João VI, quando da transmigração da família real portuguesa para o Brasil. Antes, ela dormia nos arquivos da Torre do Tombo, em Lisboa, onde foi recuperada, em 1773, por ordem do guarda-mor José de Seabra da Silva, hoje considerado o descobridor da *Carta de Caminha*. Capistrano de Abreu foi quem a reconstituiu, em 1908, com todos os detalhes antes censurados ou truncados.

A *Carta* conquistou o público leitor além de estudiosos, teve várias edições e traduções em diversas línguas. Ela não foi o único registro sobre a chegada ao Brasil. Como informa Caminha, "outros capitães", inclusive Cabral, escreveram ao rei. Afinal, um "achamento" só fazia sentido quando sua descrição voltava para a Europa, influenciando a nação conquistadora. Nesse momento, o Brasil estava longe de interessar por si mesmo. Seria um lugar de passagem. Uma parada a caminho da conquista mais promissora: as Índias, onde os aguardavam as preciosas especiarias. E outras "façanhas e feitos nobres" que inflamavam a imaginação.

O navegador Vasco da Gama, primeiro português a chegar à Índia pelo mar, foi conselheiro do conterrâneo Cabral.

LINHA DO TEMPO

1500 – É redigida a *Carta de Caminha*

1773 – Recuperada na Torre do Tombo, em Lisboa, por ordem do guarda-mor José de Seabra

1817 – Versão censurada é publicada no livro *Corografia Brasílica*, do padre Manuel Aires de Casal

1908 – Reconstituída por Capistrano de Abreu, com todos os detalhes antes truncados ou censurados

1530
AS CARTAS E A VIAGEM DE MARTIM AFONSO DE SOUZA

Era a hora de Portugal ocupar o Brasil. Para a missão, o rei d. João III envia Martim Afonso de Souza – com poderes para lotear o país em extensos latifúndios, chamados de sesmarias.

MARTIM AFONSO DE SOUZA

Primeiro donatário da capitania de São Vicente, era um nobre e militar português que havia estudado matemática, cosmografia e navegação. Depois da atuação no Brasil, foi designado pelo rei de Portugal para servir na Índia, protegendo as possessões portuguesas naquela região.

São Vicente, a primeira cidade brasileira, foi fundada em 1532.

A assiduidade de frotas castelhanas e de piratas normandos ao litoral brasileiro, sempre em busca do pau-de-tinta ou pau-brasil, exigiu do rei, d. João III, algumas medidas rigorosas. Era necessária a exploração e limpeza das costas. Para isso, Martim Afonso de Souza, à frente de uma armada, deixou Lisboa a 3 de dezembro de 1531.

Martin Afonso vinha com poderes extensíssimos: trazia três cartas patentes. Uma lhe autorizava a tomar posse das novas terras e a organizar o respectivo governo e administração civil e militar. A segunda lhe conferia o título de capitão-mor e governador das terras do Brasil e a última lhe permitia conceder sesmarias das terras que achasse e que se pudessem aproveitar.

EM PODER DA TERRA

A última carta de Martim Afonso é o marco da transposição da legislação fundiária portuguesa aplicada ao Brasil. A Coroa costumava conceder extensas doações de terra, chamadas sesmarias. Tal instituição jurídica remonta a 1375 – reinado de Fernando I –, quando foi criada para dar conta de uma crise alimentar que a peste negra agravou. Foi instituída como lei agrária para fomentar a produção agrícola e o cultivo em Portugal, e, depois, o principal meio de colonização de terras no além-mar.

Durante o Período Colonial, a sesmaria foi o principal meio legal de obtenção de terras rurais e seus títulos de propriedade. Elas foram distribuídas a "homens de posse": com gado, gente, família, escravos e "fábricas", nome que se dava aos instrumentos de trabalho. Por outro lado, os que não recebiam sesmarias, como os pequenos agricultores, apossavam-se de terras devolutas por meio da ocupação conhecida como "posse". A jurisdição não se detinha sobre os eventuais direitos das terras indígenas. Elas eram consideradas propriedade do monarca que possuía o direito de vendê-las ou doá-las.

AS CAPITANIAS HEREDITÁRIAS

Foram 12 as capitanias hereditárias cedidas pelo rei. Seus donatários recebiam dez léguas de um a outro extremo da capitania, indo até os limites definidos pelo Tratado de Tordesilhas assinado com a Espanha. Nelas, incluíam-se as ilhas adjacentes.

Os donatários tinham jurisdição civil e criminal em suas terras, podendo executar índios, peões, escravos e homens livres.

OCUPAÇÃO DAS SESMARIAS

A demora entre o projeto de ocupação e sua execução deveu-se, entre outros, à falta de pretendentes às terras. Nenhum membro da alta fidalguia se dispunha a povoá-las. Os que aceitaram o desafio saíam da pequena nobreza, acostumados às dificuldades que já haviam enfrentado na Índia e na África. A maioria deles, porém, nunca veio ao Brasil ou desistiu diante dos primeiros insucessos. Eles também não tinham capital. Os pretensos beneficiados viram-se às voltas com problemas esmagadores: distância de Portugal, falta de recursos e de braços, ataques de indígenas, fome, doenças.

Também podiam julgar crimes da alçada eclesiástica como traição, sodomia e heresia. Tinham poderes quase absolutos, cobrando tributos e nomeando encarregados de administração de suas terras; gozavam de inviolabilidade até por parte de representantes da Coroa e impunidade pessoal por crimes cometidos. Eram soberanos em suas terras.

Para a Coroa ia o quinto – imposto correspondente à quinta parte de pedras e metais preciosos –, além do monopólio do pau-brasil e especiarias, e o dízimo de todos os produtos e direitos de alfândega arrecadados por seus feitores, agentes e escrivães.

A PRIMEIRA COLÔNIA

Martim Afonso enviou naus para explorar o litoral norte, até a foz do rio Gurupi, na divisa dos atuais Maranhão e Pará. E o sul, até o rio da Prata. Na Bahia, encontrou Diogo Velho, o Caramuru, já adaptado aos índios e que lhe prestou bons serviços.

Fundou, em 1532, a primeira colônia regular do Brasil: São Vicente, em homenagem ao santo do mesmo nome. Construiu fortim, igreja, casa de Câmara, cadeia e pelourinho. Depois fundou Santo André da Borda do Campo de Piratininga, auxiliado por João Ramalho, no Brasil desde 1501 ou 1503 e casado com uma índia, Mbici ou Bartira, filha do cacique Tibiriçá.

Martim Afonso também introduziu a vinha e o trigo, assim como a cana na vila de São Vicente, fundando o engenho dos Erasmos para beneficiar açúcar. Sua esposa, Ana Pimentel, dama de honra da rainha dona Catarina e sua procuradora quando ele partiu para as Índias, trouxe para cá gado *vacum*.

Além disso, revogou as ordens do marido que proibiam a entrada de estrangeiros na capitania e abriu os caminhos para o sertão, incentivando as bandeiras.

Às vésperas da Independência, a prática de doação de terras foi suspensa sem substituição equivalente. Já os territórios com riquezas minerais ganharam regimento próprio.

Foi com a ajuda de João Ramalho que Martim Afonso fundou Santo André da Borda do Campo.

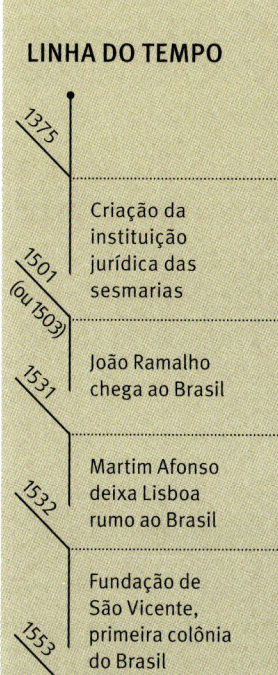

LINHA DO TEMPO

- 1375
- 1501 (ou 1503) — Criação da instituição jurídica das sesmarias
- 1531 — João Ramalho chega ao Brasil
- 1532 — Martim Afonso deixa Lisboa rumo ao Brasil
- — Fundação de São Vicente, primeira colônia do Brasil
- 1553 — Fundação de Santo André da Borda do Campo

AMÉRICA PORTUGUESA

c. 1550 — MANOEL DA NÓBREGA E O DIÁLOGO DA CONVERSÃO DO GENTIO

A relação do europeu branco com o índio nativo não foi simples e contou com a intermediação dos religiosos jesuítas. Manoel da Nóbrega é o fundador da Companhia no Brasil.

☞ **MANOEL DA NÓBREGA**

Nascido em Sanfins do Douro, Portugal, a 18 de dezembro de 1517, estudou cânones em Salamanca. Em 1538 transferiu-se para Coimbra, onde se graduou em direito canônico. Dois anos depois, entrou como sacerdote para a recém-fundada Companhia de Jesus. Em Piratininga, fundou o primeiro colégio para os indígenas: "o gentio da terra".

Padre Manoel da Nóbrega benze embarcação: religião católica presente.

Era março de 1549. Aos 32 anos, o padre Manoel da Nóbrega chegava à Bahia. Veio na frota de Tomé de Souza, cujo objetivo era fundar a cidade de Salvador e dar início ao Governo-Geral.

Nóbrega chefiava a primeira leva de jesuítas com o objetivo de fundar a Companhia de Jesus do Brasil. Depois de sua morte, em 1570, seus textos e cartas aos superiores foram agrupados nas *Informações sobre a Terra do Brasil* e publicados em diversas línguas.

CARTA À PORTUGAL

O *Diálogo da conversão do gentio*, de 1557, é um documento único, pois debate a atuação missionária e as questões práticas e teóricas da evangelização no Novo Mundo, duas décadas depois da instalação da missão jesuítica.

Quando escreveu o *Diálogo*, Nóbrega tinha o sentimento de que "trabalhava-se em vão". Seu precário estado de saúde – botava sangue pela boca – pode ter contribuído para um diagnóstico tão pessimista. Ele chegou a pedir um substituto a Lisboa: "a mim já me devem ter por morto". Tão claro quanto tinha consciência dos problemas, Nóbrega pensava igualmente em soluções.

A princípio, a obra circulou manuscrita. Foi impressa apenas em 1880, no Rio de Janeiro, no número 43 da *Revista do Instituto Histórico e Geográfico Brasileiro*. Sua originalidade? Estar focada na prática da missão e inspirada na experiência já adquirida pelos padres.

Inspirada em Platão e no diálogo entre a Amada e o Amado do *Cântico dos cânticos*, o *Diálogo* coloca em cena duas figuras reais. Dois jesuítas, porém irmãos leigos, o "língua" Gonçalo Alvarez e o ferreiro Matheus Nogueira.

PROBLEMAS

O *Diálogo* aborda quatro problemas: os que provinham do mundo indígena; os causados pelos colonos e autoridades portuguesas; os motivados pelo clero e autoridades religiosas; e os provenientes da crise interna na Companhia de Jesus.

No primeiro caso, saltava aos olhos a brutalidade com que os nativos eram expropriados, escravizados e maltratados. E se não havia justiça para os indígenas, esses reagiam retribuindo com o que recebiam: violência. As guerras que se multiplicavam incentivavam os índios a aplicar uma regra também aprendida com os brancos: escravizar seus irmãos derrotados. E depois vendê-los aos colonos.

Nas cartas que escreveu ao seu superior, Nóbrega nunca deixou de se queixar desses

A CRISE DA CONVERSÃO

O *Diálogo* foi escrito num momento particular, entre 1556 e 1557. Nóbrega havia se retirado para a aldeia indígena do Rio Vermelho, na Bahia. Vivia uma crise. Por cansaço ou perplexidade, não escondia seu desânimo em face do trabalho já realizado.

Os índios ora pareciam aceitar a mensagem cristã ora mostravam resistência cada vez mais consistente à presença dos padres. Enganavam-lhe e voltavam às suas crenças e mitos. Sua luta contra a antropofagia e a exploração do índio pelo colonizador lhe parecia perdida.

últimos. Eles eram o pior exemplo: "Nenhuma ajuda temos dos cristãos, mas antes muitos estorvos, assim de suas palavras como do exemplo de sua vida, dos quais muitos não lhes ensinam senão a furtar, a adulterar e fornicar... e estamos fartos de ouvir o Gentio contar coisas vergonhosas dos cristãos".

Culpa deles, também, era a fuga dos índios para o interior: "Por causa dos agravos que recebiam dos portugueses que os cativavam, ferravam, vendiam, apartando-os de suas mulheres e filhos". Fuga que era forma de resistência e afirmação de sua autonomia e independência. O fato de ter conseguido, em 1558, de Mem de Sá que esse baixasse uma lei protegendo os índios e impedindo sua escravização só acelerou a tensão entre o jesuíta e os colonos.

Outro problema eram as mancebias entre colonos e mulheres indígenas. O pior é que havia muitos membros do clero vivendo na mesma situação: "amancebados", como se dizia então.

Havia ainda a questão da escassez de missionários. A tarefa era imensa, eles eram poucos e poucos falavam tupi. Muitos morreram: as condições de vida eram dificílimas. No entanto, o mais grave era o desalento que os ia contaminando, vendo o massacre a que estavam submetidos os índios. Ou a força de suas tradições: elas os faziam abandonar as igrejas e escolas para ir de encontro aos pagés.

Os indígenas também percebiam que os jesuítas não tinham apoio: "e dizem claramente que já não querem acreditar em nós, pois não somos bons para valer-lhes em nada e que somos coisas que até os nossos desprezam". Eram impotentes, sobretudo, para libertar os que tinham sido escravizados.

SERIAM OS ÍNDIOS HUMANOS?

Um problema filosófico e teológico que o instigava: seriam os indígenas humanos? E no plano cristão, "nossos próximos"? De início, Nóbrega os elege como o lado bom da Criação. O lado ruim seriam os colonos. Mas, pouco a pouco e empurrado por tantos problemas, ele modifica sua opinião. Então, a que servia a missão? Para que "tantas vigílias e tanto suor"? – perguntava-se.

A resposta viria numa controvérsia: a evangelização devia ser forçada ou persuasiva? E Nóbrega responde que a conversão devia se basear no exemplo moral e espiritual impecável do missionário e na pregação que levasse em conta as condições do processo de colonização e conquista: "há de ter muita fé... falar bem a língua, fazer milagres". Ele omite, porém, o problema da exploração econômica ou da renúncia à violência. O mais importante era a santidade e justiça do jesuíta, ou seja, o exemplo que pudesse dar.

Jesuítas tinham muito poder e centralizavam a relação com os indígenas.

Mas, insiste o irmão Matheus no *Diálogo*: que razão teriam os gentios para se tornar cristãos e seria isso possível? Sabia-se que "por amor é muito dificultosa a sua conversão". Resposta e solução para o problema: o método adequado seria a sujeição e a dominação militar dos indígenas, seguida de lenta conversão das gerações seguintes.

Nóbrega era pragmático. Ele sabia que a catequese só se processaria dentro do sistema escravista e de exploração colonial: "E a mim sempre me pareceu muito bom e melhor caminho [o da sujeição] se Deus assim fizesse...". Os colonos, antes inimigos, passaram a aliados para assegurar a colonização e a evangelização. E numa carta ao rei, Nóbrega propõe a guerra justa contra os indígenas como mecanismo de consolidação da colonização e da catequese, resolvendo, ao mesmo tempo, o problema de mão de obra para os engenhos e fazendas. Nisso, aproximou-se de José de Anchieta, outro jesuíta importante que acreditava que só "pela força das armas obter-se-iam frutos abundantes".

LINHA DO TEMPO

1549 — Manoel da Nóbrega chega ao Brasil, aos 32 anos

1557 — Escreve *Diálogo da conversão do gentio*

1570 — Após sua morte, seus textos e cartas são agrupados em *Informações sobre a Terra do Brasil*

1880 — *Diálogo da conversão do gentio*, que antes circulava de forma manuscrita, é publicado pela primeira vez

c. 1576 — VIAGEM À TERRA DO BRASIL, DE JEAN DE LÉRY

Um simples sapateiro e seminarista protestante circula por 22 aldeias indígenas brasileiras. Seu relato se torna "uma obra-prima da literatura etnográfica".

JEAN DE LÉRY

O jovem sapateiro e seminarista francês decidiu, em 1556, acompanhar um grupo de protestantes em uma viagem à França Antártica, colônia francesa estabelecida na Baía de Guanabara, atual cidade do Rio de Janeiro. Depois da passagem pelo Brasil, Léry voltou a viver na Europa – em Genebra, na Suíça –, onde casou e se tornou pastor, na fase inicial da Reforma Calvinista.

Região onde hoje é o Rio de Janeiro foi colônia francesa, a França Antártica.

"Obra-prima da literatura etnográfica." Assim este breviário do pesquisador foi qualificado por um dos maiores antropólogos do mundo: Claude Lévi-Strauss. E por quê? Simples. Ele educa o olhar e ensina a ver os outros e as coisas de forma diferente. Torna perceptíveis seres vivos e suas vidas, há centenas de anos.

A modernidade de *História de uma viagem à terra do Brasil* advém do fato de que Jean de Léry construiu seu relato como a monografia de um etnógrafo contemporâneo. Ele descreveu o meio, a vida material, a comida, a preparação dos alimentos, as relações familiares, os casamentos, as crenças religiosas. "Ele se colocou na pele do indígena" – sublinha Lévi-Strauss.

Léry define os índios brasileiros como "um povo que foge da melancolia": gostavam de dançar, brincar, beber e rir. Ele viera de uma Europa mergulhada em guerras de religião, afogada em amargura. Chegar ao Brasil equivalia a chegar ao Novo Mundo. Um mundo criança, definido, então, com uma mistura de ternura e secreta comiseração. A arte de viver dos canibais, segundo ele, podia ser explicada como um misto de alegria de espírito embebida no desprezo das coisas fortuitas.

FRANÇA NO RIO

Simples sapateiro e seminarista protestante, Léry desembarcou aqui em março de 1557. Na época, muitos estrangeiros já frequentavam as praias cariocas e entre eles outros tantos tinham se enraizado entre os indígenas, servindo de tradutores ou "língua".

O comércio de pau-brasil com franceses e outros marinheiros europeus se fazia abertamente. Em fins de 1555, navios franceses sob o comando de Nicolas Durand de Villegagnon, nobre cavaleiro da Ordem de Malta, chegaram à baía de Guanabara e criaram uma colônia que entrou para os anais da história como França Antártica. Um dos objetivos da ocupação era garantir à França uma parcela do mercado de especiarias até então monopolizado pelos portugueses.

No Rio de Janeiro, Villegagnon estabeleceu as bases de uma feitoria com a ajuda de capitais calvinistas. Ele acreditava, entre outras coisas, que a criação de uma colônia francesa nos trópicos pudesse ser um espaço onde os calvinistas (denominados na França de huguenotes) tivessem a liberdade de praticar tranquilamente o seu culto.

Embora tivesse concordado com a vinda de uma missão protestante, ao cabo de oito meses Villegagnon expulsou-a, acusando seus membros de heresia. Abandonado à própria sorte, o grupo foi acolhido pelos tupinambás, aliados dos franceses. Ao cabo de dois meses, alguns voltaram para o acampamento, onde foram mortos, e outros, Léry entre eles, embarcaram num navio bastante avariado, numa aventura de volta à Europa.

RUMO À EUROPA

Para retornar à Europa, foram cinco meses de travessia durante os quais quase naufragaram várias vezes, brechas se abriram no casco, um incêndio destruiu velas, o piloto cometeu enganos, houve revolta de marinheiros e uma fome terrível dizimou a quase totalidade dos tripulantes.

De volta a Genebra, Léry foi ordenado pastor e casou-se. Em 24 de agosto de 1572 a França foi ensanguentada pela chamada Noite de São Bartolomeu, em que se assassinaram milhares de protestantes. Teve início uma guerra civil.

Entrincheirado em Sancerre, Léry ensinou seus companheiros a dormir em redes, comer pouco e defender-se com as astúcias dos índios. As lições aprendidas no Brasil lhe foram úteis. Os católicos desistiram do cerco e num livro, intitulado *História memorável da cidade de Sancerre*, Léry não só descreve a luta, mas acusa os católicos de serem mais bárbaros do que os canibais. Aliás, a barbárie dos católicos será um dos pontos que há de explorar no seu magnífico *Viagem*.

PECADOS E VIRTUDES

O canibalismo, tema recorrente da obra literária de Léry, ao mesmo tempo que reduz a humanidade do indígena, serve como alegoria. Ele é menos grave do que a usura de negociantes que sugam presas sem defesa: órfãos ou viúvas, pobres miseráveis aos quais fazem empréstimos extorsivos.

Para o protestante, cuja carne é queimada viva na fogueira, o católico também se parece ao antropófago. E finalmente a antropofagia vai encontrar paralelo no dogma da transubstanciação, momento em que a eucaristia, corpo e sangue de Cristo, são ingeridos pelo padre.

Católicos e protestantes isolados na ilha dos Ratos, na baía de Guanabara, se engalfinharam em discussões sobre esse dogma. Misturar carne e sangue, presentes no coração do rito católico da missa, confirmava a negação da ubiquidade corporal do Cristo após sua morte e ressurreição. A proximidade de autênticos canibais tornava o tema ainda mais espinhoso.

A ORIGEM DO LIVRO DE LÉRY

Depois de circular entre 22 aldeias, Léry deixou o Brasil em janeiro de 1558. Como nasceu o livro? Em 1567 a França Antártica foi conquistada pelos portugueses. Sobre seus escombros erigiu-se a cidade de São Sebastião do Rio de Janeiro.

Um frade franciscano, André Thevet, cosmógrafo da expedição de Villegagnon, acusou os protestantes de terem posto a perder a colônia francesa. Ele esteve no Rio de Janeiro, por pelo menos três meses consecutivos, entre 1555 e 1556. Depois, ficou doente e teve de ser repatriado. Escritor prolífico, a brevíssima estada não o impediu de escrever sobre vários aspectos da natureza e dos povos americanos e receber o real privilégio para publicação da obra: *As singularidades da França Antártica*.

Nela, Thevet expôs suas impressões acerca da fracassada tentativa francesa de fundação, na baía de Guanabara, de uma colônia denominada França Antártica. Foi ele, aliás, quem criou a expressão "França Antártica" – em 1557 – e posteriormente culpou os huguenotes pelo seu fracasso. Tal ataque envolveu uma grande polêmica religiosa com Léry.

A pedido de amigos, Léry permitiu que seu diário de viagem fosse publicado com o objetivo de contar o que seria o verdadeiro relato do que se passou no forte Coligny entre calvinistas e protestantes. O livro teve cinco edições seguidas, mas não chegou a ser citado por humanistas do porte de Montaigne ou Diderot. Léry continuou a trabalhar como pastor até morrer em 1613, na Suíça.

> **DEUS NÃO RI**
>
> O riso do índio, tão invocado por Léry como sinônimo de alegria de viver, torna-se, porém, riso satânico quando associado aos ritos canibais. O divertimento em arrancar os pelos da barba de dois portugueses que gemiam e pediam misericórdia, antes de terem seus crânios esmagados, ou o caso da índia que se ri dele, quando Léry tenta convertê-la antes de ser sacrificada, são exemplos do texto que colaboram para pintar a risada e a brincadeira como resultado de inspiração demoníaca. Afinal, Deus não ria. Só o Diabo.

Thevet, frade franciscano autor desta gravura, foi o criador da expressão "França Antártica".

LINHA DO TEMPO

- **1555** — Franceses dominam região do Brasil e fundam a colônia que ficou conhecida como França Antártica
- **1557** — Jean de Léry desembarca no Brasil
- **1558** — Depois de visitar 22 aldeias indígenas, Léry retorna à Europa
- **1567** — França Antártica é conquistada pelos portugueses. Sobre seus escombros, é fundada a cidade de São Sebastião do Rio de Janeiro

1591-1595 — PRIMEIRA VISITAÇÃO DA INQUISIÇÃO AO BRASIL

Os tempos eram de inquietude e medo para quem não professava a fé católica. Para estes, viver deste lado do Atlântico parecia ser um jeito de respirar aliviado. Mas o cenário começava a mudar.

CARDEAL DOM HENRIQUE

Educado para seguir a carreira eclesiástica, com vinte anos já estava à frente do arcebispado de Braga. Tornou-se inquisidor-geral dos reinos de Portugal, nomeado por seu irmão, o rei d. João III. Tornou-se cardeal aos trinta anos. Quando d. João III morreu, assumiu a regência – já que d. Sebastião, o sucessor ao trono, era menor. Com a morte deste, tornou-se rei. Viveu de 1512 a 1580.

Inquisição: impiedosa com todos aqueles que não acreditavam na Igreja Católica.

Na época em que o Brasil era colônia de Portugal, quatro palavras faziam tremer: Tribunal do Santo Ofício. Elas significavam o olhar vigilante com que a Inquisição se debruçou sobre a cristandade ibérica durante séculos. Instituído por uma Bula Papal a 23 de maio de 1536, a Inquisição foi um tribunal a serviço da Coroa.

Em 1539, o cardeal d. Henrique, irmão do rei d. João III e ele mesmo futuro rei, tornou-se inquisidor-geral do Reino. Em 1541 já existiam cinco tribunais: em Évora, Coimbra, Lamego, Tomar e Porto. Por meio do Tribunal, a população era convidada a denunciar as pessoas consideradas heréticas e as que cometiam crimes contra a fé católica. Os acusados podiam ser torturados da maneira mais violenta, flagelados e até mesmo queimados. As chances de defesa eram mínimas e, em geral, os suspeitos eram transformados em culpados. Os crimes? Variavam de feitiçaria a condutas contrárias à moral, como a sodomia, a oposição às ideias da Igreja ou mesmo "ideias Iluministas".

PELA PRIMEIRA VEZ NO BRASIL

A estreia do Tribunal da Inquisição de Lisboa no Brasil se deu em 1591. E por que nessa data? Pois o Brasil tinha recebido muitos cristãos-novos, envolvidos com a crescente economia açucareira. Muitos professavam o judaísmo em sinagogas domésticas. Outros se uniam em matrimônio a cristãos-velhos.

O espírito policialesco incentivou conflitos sociais, acusações por interesse pessoal e delações de toda a sorte. Mas não só. Havia a necessidade de expandir a política colonial, fazendo a metrópole presente na colônia.

Na mesma época em que o visitador Heitor Furtado de Mendonça, capelão fidalgo del-Rei, vem ao Brasil visitar os bispados, outros visitadores foram enviados aos Açores, Madeira e Angola. A ideia de "inspeção" estava presente. O receio da autossuficiência dos territórios ultramarinos reforçava os mecanismos de dominação da metrópole.

OS ALVOS

Quem eram os alvos e o que faziam cristãos-novos? Havia de tudo. De senhores de engenho a carpinteiros. De confeiteiros a oleiros. De costureiras a prostitutas. De "mestres de ensinar" e professores a funcionários. De alfaiates a ourives. Mercadores, muitos. Médicos e lavradores, também.

O visitador não conhecia as realidades coloniais nem podia imaginar o quanto as condições de vida fabricavam novas culpas: bigamias, blasfêmias, luteranismo, ataques contra crucifixos e santos da Santa Igreja. E as inimagináveis "gentilidades e santidades". Sua perplexidade ante as últimas foi total: assim era chamado o fenômeno religioso em que indígenas misturavam o culto e a hierarquia católica com elementos da religiosidade tupinambá.

MARY DEL PRIORE

MANUAL DOS INQUISIDORES

A necessidade de homogeneizar a ação dos inquisidores levou à criação de um *Manual de inquisidores*. Ali, descreviam-se, em detalhes, o desenvolvimento dos processos, a classificação entre heréticos e heresias, as torturas permitidas e necessárias e, no caso de absolvição do acusado, os procedimentos de perdão.

UM RETRATO ÍNTIMO DA SOCIEDADE

As *Confissões e denunciações da Bahia*, bem como as *Confissões de Pernambuco*, estavam na Torre do Tombo, arquivo histórico de Portugal. Suas cópias foram solicitadas pelo historiador Capistrano de Abreu ao congênere luso João Lúcio de Azevedo e foram publicados 250 exemplares em 1922.

Os documentos oferecem inúmeras informações para conhecermos melhor o Brasil destes tempos. A vida familiar na qual as mulheres casavam aos 12 ou 14 anos. A presença maior de homens do que de mulheres, o que permitia até "as mulheres erradas" acharem maridos. Os casos de bigamia foram frequentes, pois os homens deixavam suas mulheres no Reino e vinham tentar a sorte na colônia. Para evitar abusos criou-se uma lei dando um prazo para os maridos retornarem a suas legítimas esposas.

Feitiços e feiticeiras eram comuns. Muitas preferiam esconder-se no interior da capitania ao ouvir dizer que o Tribunal chegara. Adivinhações, vidência, filtros mágicos, "cartas de tocar", ou seja, papelotes contendo sortilégios, orações e desenhos demoníacos com finalidade de proteção ou de fazer "querer bem" além de invocações a anjos ou ao diabo "guedelhudo", "orelhudo", "felpudo" eram correntes. A magia amorosa usou e abusou da botânica nativa na forma de unguentos, chás e pós para separar ou aproximar casais.

As blasfêmias, constantes: "Cristo é tão infame quanto a lama da rua", bradava um. Outro ainda jogou a imagem do Cristo ladeira abaixo. E Nossa Senhora, seria ou não virgem? Os pecados sexuais, inúmeros: o "nefando", cometido por homens com homens – os chamados fanchonos – ou com mulheres, eram severamente perseguido pelo desperdício de sêmen.

O padre Fructuoso Álvarez, natural de Braga, aos 65 anos confessou ter tido relações sexuais com cerca de quarenta mancebos e moços. Foi o primeiro homossexual a ser perseguido pela Inquisição no Brasil. Mulheres acusadas de homoerotismo foram poucas, mas houve o conhecido caso de Paula Siqueira ou Felipa de Souza, conhecida como "a do veludo", pelo instrumento que usava.

CONDENAÇÕES

Apenas 27 moradores do Brasil foram condenados e enviados para julgamento em Lisboa. A baixa condenação se deveu ao fato de que, entre nós, o poder clerical estava submetido aos poderes e elites regionais. O Tribunal servia para agir em defesa da Igreja e em nome da "pureza de sangue", ou seja, o da garantia de que não havia sangue judeu, muçulmano ou negro. Ora, entre nós, já havia grande mestiçagem, comprometendo os resultados da caça movida pelo Tribunal.

Ao longo do século XVII prosseguiram as Visitações dando continuidade à ação inquisitorial. No século XVIII o Tribunal ganhou aliados na figura de comissários – ou seja, membros do clero regular – e familiares do Santo Ofício, leigos que, depois de provar pureza de sangue por seis ou sete gerações, ficavam isentos de impostos e imunes às acusações.

O balanço final foi de 1.074 presos, sendo 776 homens e 298 mulheres; 48% dos homens e 77% das mulheres foram para o cárcere por judaizar. O auge da Inquisição entre nós se deu na primeira metade do século XVIII, quando vinte homens e duas mulheres foram enviados a Lisboa e queimados em praça pública: todos por judaizar. O mais importante deles foi o célebre teatrólogo Antônio José da Silva.

O auge da Inquisição no Brasil foi na primeira metade do século XVIII: 22 pessoas foram queimadas.

LINHA DO TEMPO

1536 – Tribunal do Santo Ofício é criado por meio de Bula Papal

1539 – Cardeal d. Henrique, irmão do rei de Portugal, é nomeado inquisidor-geral do Reino

1591 – Tribunal da Inquisição de Lisboa chega ao Brasil

1922 – Guardadas na Torre do Tombo, são publicadas as *Confissões e denunciações da Bahia* e as *Confissões de Pernambuco*

1605-1792

PERÍODO COLONIAL

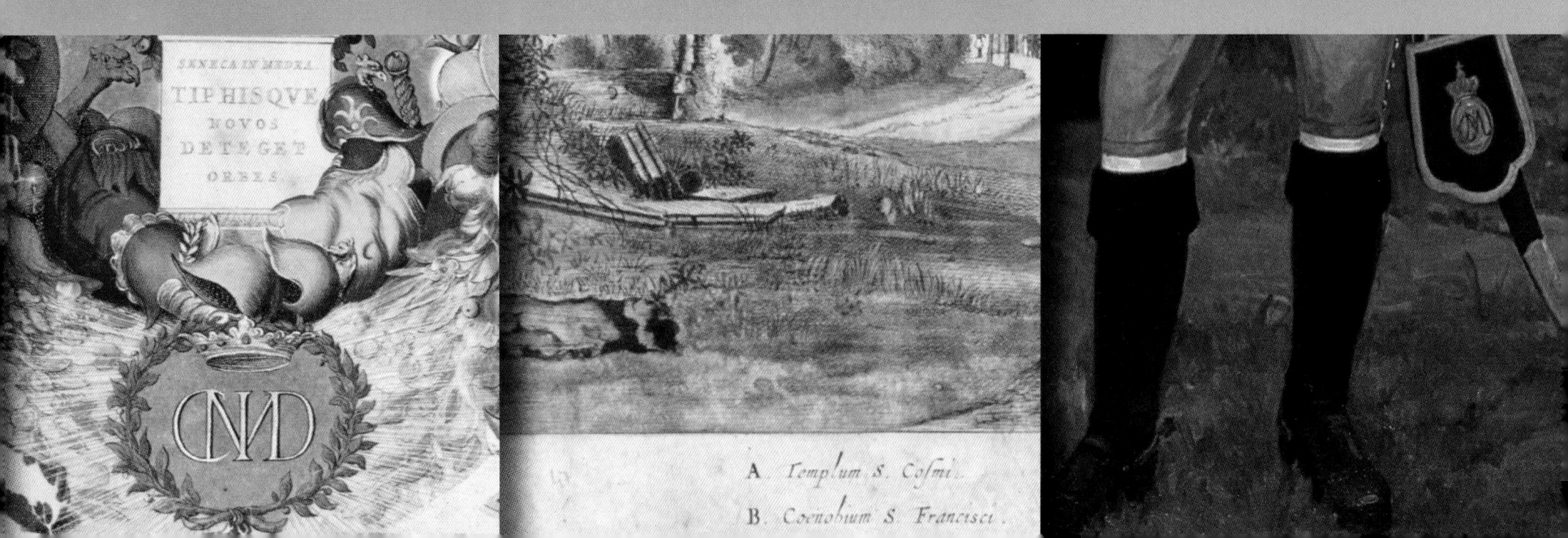

1605 — REGIMENTO DO PAU-BRASIL

Antes da prata e do ouro, uma árvore era a grande riqueza natural brasileira explorada pelos colonizadores portugueses. A Coroa tratou de regulamentar sua extração.

DOM FELIPE III

Preparado pelo pai para governar o extenso império resultante da união das potências Espanha e Portugal, tornou-se rei aos vinte anos. Em seu reinado, promoveu uma centralização política da União Ibérica, nomeando ministros espanhóis para Portugal. Em 1618, ordenou que o Santo Ofício visitasse o Brasil. Morreu em 1621, aos 42 anos.

Portugal tentou organizar a extração de pau-brasil nos primeiros anos. Sem sucesso.

Que nenhuma pessoa pudesse cortar ou mandar cortar pau-brasil, por si, seus escravos e seus feitores! À frente da União Ibérica, ou seja, da dupla monarquia formada entre 1580 e 1640 por Portugal e Espanha, essas foram ordens do rei d. Felipe III, no Regimento promulgado a 12 de dezembro de 1605. Fixava a exploração em seiscentas toneladas por ano, com o objetivo de limitar a oferta de madeira no mercado europeu e manter preços elevados.

Longe estavam os tempos em que flibusteiros e piratas ancoravam nas curvas do litoral recortado, trocando pau-brasil arrancado da Mata Atlântica por objetos trazidos da Europa. Inclusive machados e cunhas de ferro, usados no abate das árvores. Os estrangeiros eram bem-vindos, pois não disputavam as terras indígenas nem os escravizavam.

O contrabando prosseguia. Abatiam-se, também, jacarandás, canelas e perobas.

Tinha início a destruição da magnífica capa verde, contendo mais de oitocentas espécies de árvores, que se estendia do cabo de São Roque, no Rio Grande do Norte, a Cabo Frio, no Rio de Janeiro. E os índios a perguntar a Jean de Léry: "Não tendes madeira em vossas terras?". Não compreendiam que se viesse de longe para buscar lenha. "Sois grandes loucos", replicavam.

O Regimento de 1605 não foi o primeiro. Em 1542 a Coroa portuguesa tinha estabelecido normas disciplinares para o corte de pau-brasil, determinando punição ao desperdício de madeira nas regiões conquistadas. O interesse não foi despertado pelo ameaçado equilíbrio da natureza, mas pela evasão descontrolada dessa riqueza. Temia-se que os paus-brasil viriam "a acabar e perder de todo". Os próprios nativos estocavam madeira, antecipando a demanda de mercado. As normas, porém, jamais foram cumpridas.

SOB OS OLHOS DA COROA

Focado nos descaminhos do pau-brasil, mas também no mau rendimento da terra que impactava os lucros da Coroa, o conjunto de ações coercitivas do Regimento visava viabilizar a exploração colonial.

Entre outras, exigia-se licença por escrito de um provedor da Fazenda para a extração da madeira em cada capitania. Que tal licença fosse feita por "pessoa de qualidade". Que se declarasse a quantidade de árvores cortadas. Transgressores podiam ser punidos com açoites, degredo e até pena de morte. Em 1607 uma devassa por contrabando e prevaricação teve início na capitania de Pernambuco. O processo não foi adiante, mas o sinal estava dado. A Coroa não ia tolerar excessos. Começou também a caça aos contrabandistas holandeses que açodavam o litoral do Nordeste e do Espírito Santo.

UM LUCRATIVO NEGÓCIO

Como se tratava um capital tão precioso? A árvore, identificada por espinhos no tronco e "folhas moídas", ou seja, enrugadas, era derrubada, tiravam-lhe a casca e cortavam-na em paus ou toros com cinco a dez palmos de comprimento.

Quem fazia o serviço eram "escravos da Guiné", ou seja, africanos, e os "negros da terra", ou seja, indígenas. Eles iam buscar a madeira "há 15 léguas da capitania de Pernambuco" – conta-nos Ambrósio Fernandes Brandão, autor de *Diálogo das grandezas do Brasil*, transportando os paus nos ombros até a costa, onde eram guardados em armazéns ou embarcados diretamente para Lisboa.

Cerca de 70 milhões de pés de pau-brasil, ou mais de 3 mil toneladas por ano, foram derrubados durante três séculos. Um navio carregado com a madeira valia sete vezes mais do que um navio cheio de especiarias. O lucro era de cerca de 300%. Ao chegar, o produto era reembarcado para Amsterdã.

Na cidade holandesa, equipes de dois homens raspavam e esmagavam a madeira até torná-la pó. O trabalho normalmente era feito por prisioneiros, capazes de produzir até 27 quilos de pó colorido por dia. O produto corante era monopólio do governo holandês. Esse, a seguir, era enviado para os grandes centros de indústria têxtil no restante da Europa.

O SURGIMENTO DO ESTADO

Sob Filipe III, a palavra "Estado" começa a aparecer nos Regimentos, indicando uma forma de governo burocrático. A escrita e a circulação de notícias e informações do ultramar, entre a Europa e a América e dentro da própria América, passam a ser obrigatórias. O governador-geral do Brasil era assim intimado a dar notícias ao rei. A chegada de um navio sem cartas era considerada alarmante.

Embora os portugueses tenham instalado o governo-geral, coube aos espanhóis o seu aprimoramento e organização. Pudera, desde o início do século XVII, junto com o pau-brasil, o açúcar começou a ganhar espaço na pauta de exportações.

Escrevendo ao rei, o nono governador-geral, Diogo Meneses, considerou: "As verdadeiras minas do Brasil são açúcar e pau-brasil". E acrescentava Ambrósio Fernandes Brandão, com o qual "se têm feito muitos homens ricos". E entre 1618 e 1619 o produto atingiu 1,5% do rendimento anual da Coroa, crescendo ano após ano.

O domínio flamengo, de 1630 a 1654, em Pernambuco, quebrou tais resultados. Ele declarou a costa do pau-brasil monopólio e reserva do invasor.

OURO VERMELHO

Conhecido como *ibirapitanga*, pelos índios, como *brésil* pelos franceses e *verzino* ou *vercino* pelos toscanos, as perfumadas bagas amarelas e rubras do pau-brasil serviam para tintura de tecidos. Vermelho era a cor preferida da aristocracia europeia. O nome científico, *Caesalpinia echinata*, só lhe foi dado por Lineu, em 1789. Ela não só ofereceu à Terra de Vera Cruz uma designação nova, mas forneceu uma razão convincente para sua futura exploração. Sim, pois até Américo Vespúcio chegou a anotar que ali era a "única coisa de proveito", uma vez que não havia minérios à vista.

Holandeses dominaram boa parte do Nordeste brasileiro – inclusive Pernambuco.

LINHA DO TEMPO

1542
Coroa portuguesa estabelece normas – jamais cumpridas – para o corte de pau-brasil

1580
Portugal e Espanha são unidos sob uma mesma Coroa: a União Ibérica duraria sessenta anos

1605
Promulgada a regulamentação da exploração do pau-brasil

1618
O produto atinge 1,5% do rendimento anual da Coroa

1647 — BARLEUS E A PRESENÇA FLAMENGA NO BRASIL

Excluídos do célebre tratado que dividia "o mundo" entre Portugal e Espanha, os holandeses também quiseram conquistar territórios. No Brasil, eles colonizaram parte da região Nordeste.

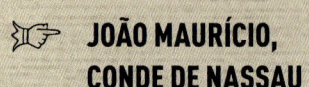

JOÃO MAURÍCIO, CONDE DE NASSAU

Nascido em 1604, ele ficou conhecido como O Brasileiro, porque aceitou o convite da Companhia Holandesa das Índias Ocidentais para administrar os domínios conquistados por ela no Nordeste brasileiro. Pelo juramento, comprometeu-se a ser governador, almirante e capitão-general dessa colônia por cinco anos. Morreu na Alemanha, aos 75 anos.

O mais importante documento sobre a ocupação holandesa no Brasil foi escrito por Barleus.

Na década de 1630 os holandeses investiram contra as regiões açucareiras do Brasil. Não foi uma ação isolada. Atacaram também mercados portugueses da Ásia e portos de comércio de escravos na África. De 1624 a 1654, as chamadas Províncias Unidas ocuparam com relativo sucesso as regiões produtoras de açúcar do Nordeste.

A ocupação pode ser dividida em três períodos: 1624-25, em Salvador; 1625-30, um período intermediário; e 1630-54, ocupação de Recife, em Pernambuco, e de outras regiões no Nordeste, indo do Maranhão a Sergipe, chamada, então, a Nova Holanda.

Tal investida foi planejada pela Companhia das Índias Ocidentais estabelecida como uma sociedade de capital social. A maioria dos acionistas era de pequenos investidores. Foi, sobretudo, um empreendimento de calvinistas fugidos de Flandres. Na época, os Países Baixos lutavam contra a Espanha, na Guerra dos Oitenta Anos (1568-1648).

OCUPAÇÃO HOLANDESA

Em maio de 1624 os flamengos conquistaram Salvador. Um ano depois capitularam, despejados por uma poderosa esquadra ibérica. Mas, bons corsários que eram, dedicaram-se a apreender navios com carregamento de açúcar em viagem para a Europa.

Em 1628, depois de ter capturado a frota anual de prata da Espanha, os holandeses financiaram novo ataque ao Brasil. Escolheram uma capitania mais rica do que a Bahia: Pernambuco. Era terra mal aparelhada para a defesa, possuidora de 120 engenhos ou mais, que davam mais de mil toneladas de açúcar por ano. O luxo de seus habitantes foi descrito por vários cronistas na época, tais quais padre Fernão Cardim, frei Manuel Calado ou Adrien Verdonck.

Muitos holandeses já residiam no Recife e aí tinham seus negócios. A conquista dos aglomerados urbanos se fez com facilidade. A zona rural, onde habitavam os grandes proprietários, resistiu. Em sete anos, de 1630 a 1637, os flamengos ocuparam grande parte do Nordeste.

O GOVERNADOR HOLANDÊS

Em 1637, João Maurício, conde de Nassau-Siegen, instalou-se em Recife como governador do Brasil holandês.

Foi excelente administrador. Substituiu as Câmaras portuguesas pelos Conselhos de Escabinos e estabeleceu uma autoridade com poderes de polícia para defender os interesses da Companhia.

Atendia pessoalmente as queixas dos brasileiros. Era amigo dos jesuítas que apreciavam seu "bom natural" e tolerante com os católicos. Construiu a Cidade Maurícia onde empregou todos os seus conhecimentos de sanitarista e urbanista, medindo, ele mesmo, o traçado de ruas e pontes.

REGISTRO HOLANDÊS

O mais importante documento sobre o período holandês, da pena de Gaspar Barleus (1584-1648), intitulado *História dos feitos recentemente praticados durante oito anos no Brasil* (Amsterdã, 1647), foi realizado sob encomenda de Maurício de Nassau.

BARLEUS À DISTÂNCIA DO BRASIL

A obra é importante, pois Barleus teve acesso ao arquivo e à correspondência de Nassau. Publicada em Amsterdã em 1647, foi traduzida para o alemão dez anos depois e para o português em 1940, por iniciativa do ministro da Educação Gustavo Capanema.

O texto é precioso, pois trata não só da administração e da conquista dos flamengos, mas descreve a geografia, o cotidiano de vilas e povoados, as características da natureza, seus frutos e produtos, os índios, sobretudo os tapuias, aliados contra os portugueses.

Gaspar Barleus nunca visitou o Brasil e escreveu seu livro a partir de informações de terceiros. Nascido em Antuérpia, com a invasão holandesa da cidade teve de fugir, com outros calvinistas, para a Holanda. Ali cresceu e conviveu com intelectuais e artistas como Spinoza, Grotius e Rembrandt.

INTERESSES E PROBLEMAS

A união entre os senhores de engenho luso-brasileiros e os comerciantes holandeses residia em objetivos diversos. Os segundos tinham interesses mercantis. Haviam sido atraídos pelos lucros do açúcar fabricado nos engenhos. Tinham se lançado ao Nordeste para dominar o comércio do produto. Não seu encadeamento que ia da produção à distribuição. Mas encontraram aqui uma sociedade de economia organizada que, se por um lado prometia lucros rápidos, por outro configurava uma cultura muito diferente e que não se deixou dominar.

Depois de emprestar grandes somas para a reconstituição dos engenhos destruídos pela guerra e para fomentar a produção, os flamengos tiveram de se defrontar com vários problemas: incêndios em 1640, inundações e epidemias entre escravos nos anos de 1641 e 1642, e seca em 1644. Pior foi a queda do preço do açúcar a partir de 1642. Lavradores e senhores de engenho não conseguiam pagar suas dívidas nem cumprir os contratos. No terreno religioso também grassavam inimizades e conflitos: católicos e calvinistas se enfrentavam.

A independência de Portugal, reconquistada aos espanhóis em 1640, reavivou o desejo dos luso-brasileiros de se verem livres da dominação holandesa. Líderes da futura insurreição como Antônio Cavalcanti, João Fernandes Vieira ou Francisco Berenguer de Andrade dirigiram uma carta a d. João IV felicitando-o pela ascensão ao trono. Não queriam ser esquecidos pelo novo rei.

DISPUTA POR TERRITÓRIOS

Acontecimentos em cadeia, como a tomada do Maranhão, um levante de índios no Ceará e o regresso de Nassau, colaboraram para que os moradores das capitanias conquistadas pegassem em armas contra seus dominadores. Valeram-se então da chamada "guerra brasílica", feita de ataques surpresa, armadilhas, iniciativas individuais e emboscadas.

A 3 de agosto de 1645, bateram as tropas holandesas no Outeiro das Tabocas, obrigando-as a recuar para Recife. Vinda da Bahia, a infantaria, sob o comando de André Vidal de Negreiros, se aliou aos moradores e ocupou o sul da capitania, infligindo derrotas aos ocupantes.

A guerra caiu num impasse: entrincheirados, os holandeses não conseguiam afastar os insurgentes de suas posições. E estes, recebendo do fraco auxílio do rei de Portugal, não conseguiam enfrentar os holandeses. Favoreceu os luso-brasileiros o fato de que a Companhia das Índias estava em maus lençóis: *deficits* acumulados, insucessos nos negócios, dividendos não pagos. Ao mesmo tempo, um partido queria a paz com Portugal, pois o sal de Setubal era fundamental para a indústria pesqueira holandesa.

Em 1648, 5 mil soldados flamengos se confrontaram contra 2.200 insurretos chefiados por Francisco Barreto. A derrota holandesa se deu a 19 de abril no Outeiro dos Guararapes.

Em dezembro o cerco se fechou em Recife. Atacadas as resistências, os flamengos capitularam a 26 de janeiro de 1654. Em 1661 um tratado de paz reconheceu a perda da Nova Holanda. O Nordeste voltou à Coroa portuguesa.

O mais importante documento sobre a ocupação holandesa no Brasil foi escrito por Barleus.

LINHA DO TEMPO

- **1624**
- **1628** — Holandeses ocupam Salvador
- Eles capturam a frota anual de prata da Espanha e, com isso, financiam novo ataque ao Brasil
- **1630** — Recife e outras regiões do Nordeste são conquistadas pelos holandeses: era a Nova Holanda
- **1661** — Sete anos após a capitulação, holandeses assinam um tratado de paz reconhecendo a perda da Nova Holanda

PERÍODO COLONIAL

1708 — O PAÍS POR ANTONIL

Um italiano ligado a padre Antônio Vieira escreve um verdadeiro guia do Brasil no início do século XVIII. Antonil passou 35 anos no Brasil e acompanhou a tensão entre paulistas e jesuítas.

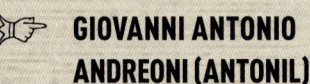

GIOVANNI ANTONIO ANDREONI (ANTONIL)

Nascido em Luca, em 1649, e formado em direito pela Universidade de Peruggia, Antonil entrou na Companhia de Jesus em 1667. Veio ao Brasil em 1681, por influência de padre Antônio Vieira. Moraria em Salvador até o fim da vida, em 1716.

Com conselhos humanitários, Antonil era contra castigos aos escravos.

Cultura e opulência do Brasil por suas drogas e minas, com várias notícias curiosas do modo de fazer açúcar; plantar e beneficiar o tabaco; tirar o ouro das minas e descobrir as de prata e dos grandes emolumentos que esta conquista da América meridional dá ao reino de Portugal com estes e outros gêneros e contratos.

Com esse longo título, uma das mais importantes obras escritas sobre o Brasil nas primeiras centúrias saiu da pena de um italiano: Giovanni Antonio Andreoni, sob o pseudônimo de Antonil, anagrama imperfeito de seu próprio nome.

Ligou-se ao padre Antônio Vieira, em cuja companhia embarcou para o Brasil em 1681. Tinha só 18 anos incompletos. Depois de ter sido secretário de vários provinciais, tornou-se ele mesmo provincial, o que o levou a conhecer as missões dos tapuias no Rio Grande do Norte e no Ceará. Na Bahia, foi diretor dos noviços, professor de retórica e, por duas vezes, reitor no Colégio dos Jesuítas. Secretário de Vieira por longo tempo, os dois apóstolos partilhavam divergências sobre a liberdade de índios e judeus.

TENSÃO ENTRE PAULISTAS E JESUÍTAS

Ao final do século XVII se estabeleceu forte tensão entre os paulistas que queriam escravizar os índios e os jesuítas que os defendiam. Para evitar tumultos, foi firmado um acordo pelo qual os jesuítas cediam aos moradores a administração dos aldeamentos indígenas em troca da renúncia de caçá-los, por meio de entradas no sertão.

Os termos do ajuste foram fixados por Antonil, que acompanhou seu superior, Alexandre de Gusmão, a São Paulo e o representou nos debates e entendimentos com os paulistas.

Antonil era favorável à utilização do gentio para o trabalho. Pragmático, ele reconhecia que, em área carente de produção que permitisse a compra de escravos africanos, só a mão de obra indígena era viável para firmar a colonização. A Carta Régia, concedida em 1696, que outorgava a administração dos índios aos paulistas, é considerada uma vitória de seus argumentos. Argumentos que se baseavam no conhecimento das condições de vida da época: dificílimas.

CONSELHOS E PRECAUÇÕES

Antonil escreveu *Cultura e opulência* depois de passar 35 anos no Brasil. Especialistas situam a redação da obra em 1711. Minas do Ouro e São Paulo se separavam, então, da capitania do Rio de Janeiro.

No núcleo principal da obra o autor dedica-se aos engenhos de açúcar, ao trabalho ali desenvolvido, à mortalidade e às doenças que atacavam seus escravos, ao aumento dos custos de produção, à baixa rentabilidade da cana e, o mais importante, ao clima de preocupação que tomava os senhores de engenho, vendo o preço do produto baixar em face da concorrência holandesa e francesa.

A organização do trabalho e as características da produção são sua maior preocupação. O engenho? O ancestral da manufatura moderna. Segundo ele, era "uma das principais invenções do gênero humano" e "porção do Divino", tamanha a sua eficiência. O senhor de engenho? Alguém que teria de ter "disposição no governo de tudo". Tinha de conhecer os modos de vender e comprar açúcar. Tinha de educar bem os filhos, ensinando em casa os primeiros passos para a boa administração da fazenda – leia-se, competência administrativa. E, lógico, saber escolher os escravos. Só assim teria opulência.

Era necessário precaver-se contra possíveis e prováveis problemas. Por exemplo, defender rios e águas que faziam moer o engenho. Evitar demandas que trouxessem para dentro de casa advogados e escrivães, que considerava "sangradores de rios de dinheiro". E um conselho: "Nem deixe os papéis, e as escrituras que tem, na caixa da mulher, para que depois seja necessário mandar dizer muitas missas a Santo Antônio para achar algum papel importante que desapareceu, quando houver mister de exibi-lo".

Capítulo fundamental para a compreensão do funcionamento do sistema de produção é aquele sobre o "senhor de engenho com os seus escravos", "mãos e pés do seu estabelecimento", segundo Antonil.

Em suas páginas se leem interessantes informações sobre as relações mútuas de servos e senhores. É nele que o autor recolhe o adágio tão famoso e tão citado então: o Brasil era "inferno dos negros, purgatório dos brancos, e paraíso dos mulatos e das mulatas".

Ele distribui conselhos humanitários aos leitores, apelando para os seus sentimentos religiosos, a fim de que evitassem castigar cruelmente os cativos, contrariando outro ditado popular da época, de que escravos só precisavam de três P: pão, pau e pano. O mais importante para manter a terra seria plantar cana e tabaco. Mas, o que se esperava do Novo Mundo, senão a descoberta de minas de ouro e pedras preciosas?

CENSURADO

Muito provavelmente o livro foi proibido graças ao capítulo: "Das minas de ouro que se descobriram no Brasil; das minas de ouro que chamam gerais e dos descobridores delas; de outras no rio das Velhas e de Caeté".

Antonil foi contemporâneo das primeiras explorações auríferas em Minas. Ele, então, delineia o rendimento dos ribeiros e das diversas qualidades do ouro que deles se extraía. Comenta as formas pelas quais a terra era distribuída, assim como as minas e datas e os diversos preços do ouro vendido no Brasil. Esclarece sobre os lucros tirados pelos primeiros exploradores dos leitos dos ribeirões, terminando por explicar os diversos processos de mineração, usados nos distritos do ouro e diamante.

Apesar de ter obtido as licenças necessárias para a publicação, *Cultura e opulência* foi destruído por ordem régia. Com isso impedia-se, no estrangeiro, a divulgação de informações sobre as riquezas brasileiras, principalmente o acesso descrito pelo autor às minas recém-descobertas. Antonil faleceu "de dor de cálculos" a 13 de março de 1716, no Colégio dos Jesuítas, em Salvador.

GUIA ECONÔMICO

Em estilo barroco, a obra de Antonil é uma espécie de guia prático para principiantes nas tarefas da lavoura e mineração. Nela encontra-se uma exposição detalhada do modo de exploração dos principais produtos aqui encontrados: açúcar, tabaco, ouro, prata e couro. Descobre-se, igualmente, uma minuciosa descrição da sociedade.

Com conselhos humanitários, Antonil era contra castigos aos escravos.

LINHA DO TEMPO

1681 — Com 18 anos incompletos, Antonil chega ao Brasil

1696 — A Carta Régia outorga a administração dos índios aos paulistas – o documento é considerado uma vitória dos argumentos de Antonil

1711 — O italiano escreve sua grande obra

1716 — Morre no Colégio dos Jesuítas, em Salvador

1769-1776
CARTAS DO MARQUÊS DE LAVRADIO

Documentos escritos pelo nobre são fundamentais para a compreensão dos problemas sociais e políticos do Brasil daqueles anos, além de, muitas vezes, retratarem o cotidiano da Bahia e do Rio de Janeiro.

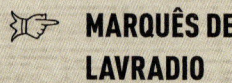

MARQUÊS DE LAVRADIO

Viveu entre 1729 e 1790. Durante nove anos, ocupou o cargo de vice-rei do Brasil. Teve de lidar com a situação um tanto complicada ocorrida no Brasil, no que tangiu a relação com os índios, por conta da extinção da Companhia de Jesus. É atribuída a ele a ideia de levar o cultivo de café ao Rio de Janeiro.

Rio de Janeiro: marquês é responsável por trazer o cultivo do café para a região.

Nome de rua em muitas capitais brasileiras, o segundo marquês de Lavradio, d. Luís de Almeida Portugal Soares Alarcão Eça Melo Pereira Aguilar Fiel de Lugo Mascarenhas Silva Mendonça e Lencastre, foi capitão-general e governador do Rio de Janeiro, vice-rei do Brasil entre 1769 e 1779. Sua importância foi proporcional ao nome: enorme.

Suas cartas publicadas por iniciativa do Arquivo Nacional são fundamentais para a compreensão dos problemas sociais e políticos do Brasil setecentista, além de um retrato de seu cotidiano, entre a Bahia (1768) e o Rio de Janeiro (1769).

O autor das cartas emerge nos mais variados papéis: funcionário da Coroa, chefe militar, fidalgo, mas também amigo, pai, marido, sobrinho e avô. Lavradio era amigo e protegido do marquês de Pombal, o todo-poderoso ministro de d. José, rei de Portugal.

CAUTELAS E ORDENS

As cartas revelam igualmente o diálogo que mantinham os governadores portugueses enviados ao Brasil entre si, os problemas decorrentes da indefinição dos limites territoriais na região meridional e dos conflitos resultantes das investidas castelhanas.

Na correspondência de Lavradio podem ser encontrados desde documentos relativos ao confisco de bens dos jesuítas, expulsos do Brasil em 1757, à cautela necessária para que estes não se infiltrassem nos domínios portugueses sob disfarce, além dos cuidados do marquês de Pombal quanto à presença inglesa no litoral, prescritos em instruções secretas.

Em meio a avisos, instruções, cartas e planos de defesa encontram-se ordens para promover o povoamento dos domínios coloniais. Ou para coibir o contrabando de ouro e de diamante, reforçando as medidas fiscais de cobrança dos quintos. Ou, ainda, medidas para remodelar os aldeamentos indígenas com o emprego dos nativos em atividades produtivas sob a supervisão de diretores seculares e tentativas de solucionar as pendências na disposição dos bens dos jesuítas.

PARA MELHORAR A PRODUTIVIDADE

Somadas a tais esforços, figuram as ações de fomento da economia colonial por meio do incentivo às culturas do anil e das amoreiras; à criação da cochonilha; à fabricação do linho-cânhamo e à revitalização das lavouras de algodão e de tabaco: "Negócio de grandissíssima utilidade para o Estado", segundo ele.

Há também críticas ao clima, aos insetos, às doenças tropicais e ao modo de viver em colônias. Segundo registrou o próprio Lavradio, ele "caminhava sobre os mais dolorosos espinhos, marchando com vagar e brandura" para "livrar-se dos eminentes precipícios". Não à toa se queixava de "aflições" e "melancolia" que compensava comendo goiabada e pessegada.

MAIS QUE MERAS INSTRUÇÕES

Nessa época a correspondência epistolar era a única maneira de aproximar quem se encontrava distante, além de viabilizar o governo ultramarino. Mais, ela é o retrato daquilo que a história também capta: as sensibilidades, os afetos, as saudades, as relações familiares.

Ao lado das preocupações com o abastecimento da colônia e o bem-estar dos súditos, os progressos da agricultura colonial estavam atrelados à concepção mercantilista da colonização portuguesa.

Diante da crise na atividade mineradora, ganhou impulso a política de fomento de novas culturas da terra, insistindo sempre num critério: utilidade. E utilidade para os súditos e para a Coroa. No seu governo, muitas experiências saídas de estudos realizados na Academia Científica do Rio de Janeiro, instalada no palácio dos vice-reis, em 1772, foram colocadas de pé.

Nas palavras de Lavradio, ele ali reunira "um ajuntamento de médicos, cirurgiões, botânicos e farmacêuticos" para incrementar a produtividade da colônia. A finalidade da Academia foi bem-definida pelo próprio idealizador, que percebia claramente os problemas conjunturais da economia. Na carta de 6 de março de 1772, ao marquês de Angeja, o vice-rei expôs as bases fundamentais da instituição:

"[...] vendo eu o pouco caso que na América se fazia das suas preciosidades que não fossem ouro, ou diamante tendo todo este Estado [...] admiráveis plantas e raízes, óleos, bálsamos e gomas [...] deixando por esta causa de se aproveitar mais este ramo de comércio [...]

A segurança do Rio estava entre as preocupações do nobre de Lavradio.

resolvi-me a fazer um ajuntamento de médicos, cirurgiões, botânicos, farmacêuticos, e alguns curiosos [...] formando com eles uma assembleia, ou academia para se examinarem todas as cousas que se puderem encontrar neste Continente pertencentes aos três reinos: vegetal, animal e mineral [...]".

PARA EVITAR INVASÕES

Os planos de defesa das capitanias do Sul e de combate ao contrabando nas áreas mineradoras também se articulavam à defesa do porto do Rio de Janeiro, pelo temor da Coroa portuguesa da penetração estrangeira nos domínios coloniais, sobretudo a interferência inglesa no comércio colonial.

São comuns os documentos oficiais tratando do reparo das fortificações da barra do Rio de Janeiro; do fornecimento de armamentos e de munições; da vigilância costeira a fim de evitar o corso e a pirataria; e da inspeção das embarcações estrangeiras que entravam no porto.

A seriedade e a importância dessas medidas estavam presentes nas instruções passadas a Lavradio pelo marquês de Pombal, em 14 de abril de 1769: "O maior e o mais importante interesse que hoje tem a Coroa de Portugal é o da segurança e conservação da Praça do Rio de Janeiro em seu estado respeitável que [...] desengane a cobiça dos que sabemos que têm vastas e ambiciosas ideias contra ela".

Em suas cartas, o Marquês de Lavradio mostra ainda preocupação com o desconhecimento dos habitantes da América Portuguesa sobre as plantas e os animais ou a má utilização de determinadas plantas, óleos ou bálsamos por total ignorância: "No qual a maior parte são desconhecidos, e alguns que já se conhecem se não tem comunicado a mais parte alguma, e a estes lhe dão usos muito impróprios dos que deviam ter, deixando por esta causa de se aproveitar mais este ramo de comércio...".

É ele quem traz o cafeeiro do Norte para a região fluminense. Em 1779, dois anos depois da morte de d. José, Lavradio retorna a Portugal, falecendo em Lisboa a 2 de maio de 1790.

LINHA DO TEMPO

1757 — Jesuítas são expulsos do Brasil e têm seus bens confiscados – há menções do assunto nas correspondências do Marquês de Lavradio

1768 — O cotidiano da Bahia é abordado nas cartas. No ano seguinte, seria a vez de o Rio de Janeiro ser protagonista desses documentos

1769 — Marquês de Lavradio se torna vice-rei do Brasil, cargo que ocuparia por dez anos

1779 — O nobre retorna a Lisboa, onde falece 11 anos depois

1792 — SENTENÇA E AUTOS DO PROCESSO DE TIRADENTES

O mais famoso movimento de contestação ocorrido no final do século XVIII foi a Inconfidência Mineira. Os participantes queriam independência de Portugal – mas apenas para a região das Minas Gerais.

JOAQUIM JOSÉ DA SILVA XAVIER

Tiradentes foi dentista, tropeiro, minerador, comerciante, militar e ativista político, É reconhecido como mártir da Inconfidência Mineira, justamente por ter sido executado em 21 de abril de 1792, aos 45 anos. O movimento pretendia criar, na província das Minas Gerais, um governo republicano independente de Portugal.

Com exceção de Tiradentes, executado, e do poeta Cláudio Manuel da Costa, todos os inconfidentes foram degredados.

Os movimentos de contestação ocorridos no final do século XVIII são comumente chamados "inconfidências". Eles estão diretamente relacionados com a crise do sistema colonial e inseridos na onda revolucionária e liberal, cujos melhores exemplos são a independência das 13 colônias, na América do Norte, em 1776 e a Revolução Francesa em 1789. Não ficamos atrás e no início de 1789 o governador de Minas Gerais recebeu uma denúncia: arquitetava-se um levante contra o poder metropolitano.

A origem das tensões vinha se acumulando há muito tempo. A capitania era palco de incessantes confrontos entre habitantes desejosos de enriquecer rapidamente e a ação arrecadadora do Estado. Sua região central era descrita como terra onde se "vomitavam insolências, exalavam motins e evaporavam tumultos".

Mas a crise da mineração ia, também, em curso. A extração de ouro declinava, diminuindo rendimentos. E a Coroa pouco se importava. Além de verem seus proventos diminuírem, os mineradores sentiam a piora no tratamento que lhes era dado por Lisboa.

A cobrança do quinto – imposto de 20% sobre o valor dos produtos – chocava-se com a desidratação das lavras. A partir de 1766 os mineiros nunca mais conseguiram enviar à metrópole os 1.474 quilos de ouro de sua cota. Em 1788, para ficar num exemplo, a arrecadação alcançou apenas 609 quilos, ou 41% da cota.

A Coroa suspeitava de sonegação e por isso instituiu a derrama: uma forma de obrigar os colonos a completarem a parcela do quinto não recolhido. Valia tudo para se executar a cobrança: da pressão à violência física. Novos impostos se acumulavam: sobre escravos, transações comerciais ou pedágios nas estradas.

O ESTOPIM DA CONSPIRAÇÃO

Em julho de 1788 o novo governador, visconde de Barbacena, chegou com ordens de cobrar os quintos atrasados: a exorbitância de 8,8 toneladas. Em toda a parte o assunto era só um: a derrama.

Num ambiente de fermentação intelectual, um grupo, inspirado no exemplo dos "americanos ingleses" e premido pelas transformações econômicas, começou a trocar publicamente impressões sobre a conjuntura em que se vivia.

Foram realizadas cinco reuniões no ano de 1788, buscando redefinir um futuro para a capitania e as linhas de ação a serem postas em prática depois do levante. O mesmo deveria ser deflagrado, tão logo decretada a derrama, em inícios de 1789. Mas o problema logo foi percebido pelas autoridades e a derrama cancelada, antes mesmo da denúncia de Joaquim Silvério dos Reis, membro do grupo.

Apesar das inspirações variadas, os conspiradores queriam apenas que a capitania – e não a colônia – se desgarrasse de Portugal. A instalação de um regime democrático não estava em seu horizonte, e muito menos a abolição da escravatura.

O objetivo da revolta não era político, mas econômico: os inconfidentes queriam dominar os postos da burocracia, eliminar os monopólios comerciais e livrar-se da tributação da Coroa sobre os parcos rendimentos das minas. Um especialista definiu: "O negócio da conspiração eram os negócios".

PUNIÇÕES

Os acusados foram presos e inquiridos por meio de duas devassas. Uma ordenada pelo capitão-general, visconde de Barbacena, e outra pelo vice-rei Luís de Vasconcellos.

A Coroa pouco lucrou e os inconfidentes pouco perderam. Sua fortuna foi preservada. Todos, à exceção de Tiradentes, se eximiram de responsabilidade na trama, alegando "bravatas etílicas". Graças ao suborno e à compra de juízes, muitos deles, donos de plantéis de escravos, terras e bens, conseguiram lesar a Coroa e preservar seus patrimônios. Contaram até com familiares e esposas para desviar e esconder sua riqueza.

Os considerados culpados foram enviados a diferentes partes da África para cumprir degredo. Houve duas exceções: o poeta Cláudio Manuel da Costa que se matou ou foi assassinado, quando ainda respondia à devassa na prisão. E o alferes Joaquim José da Silva Xavier, considerado o líder do movimento. Ele foi executado na forca, no Rio de Janeiro, sede do vice-reinado, a 21 de abril de 1792.

Embora tenha sido alçado, pela historiografia dominante, ao nível de "herói da nacionalidade", "protomártir da liberdade e da independência", hoje se sabe que o alferes Tiradentes era homem de posses, com a mentalidade do Antigo Regime, cujos interesses ele queria preservar. Os demais inconfidentes, por sua vez, divergiam quanto a temas fundamentais, tais como: o que fazer com o governador, executá-lo ou não? Qual a política tributária a adotar ou o que fazer com os cativos?

Os documentos sobre a Inconfidência Mineira foram descobertos no início do século XIX e em sua obra *História da Conjuração Mineira*, de 1873, Joaquim Norberto de Souza e Silva usou, pela primeira vez, os autos da devassa.

Líder do movimento, Tiradentes tornou-se "mártir da Independência".

PROPOSTAS DOS INCONFIDENTES

As propostas eram variadíssimas: desde a criação de uma república com capital em São João del-Rei à permissão de todo o mundo usar cetim – o que era proibido. Da fundação de metalúrgicas e de uma universidade à instituição de um correio e de melhorias na comunicação. Houve quem quisesse libertar só os mulatos. A escravidão, porém, era intocável pelo risco de desestabilizar o sistema social e econômico.

LINHA DO TEMPO

1766 — A partir desse ano, os mineiros não conseguem mais enviar à metrópole os 1.474 quilos de ouro de sua cota, conforme determinado

1788 — Novo governador é encarregado pela Coroa de cobrar os impostos atrasados: um total de 8,8 toneladas de ouro. Essa postura propicia o surgimento dos revoltosos

1789 — A conspiração é desmantelada pela Coroa

1792 — Os considerados culpados são enviados à África, degredados. Duas exceções: o poeta Cláudio Manuel da Costa, que se matou ou foi assassinado, e Tiradentes, executado no Rio

1808-1832

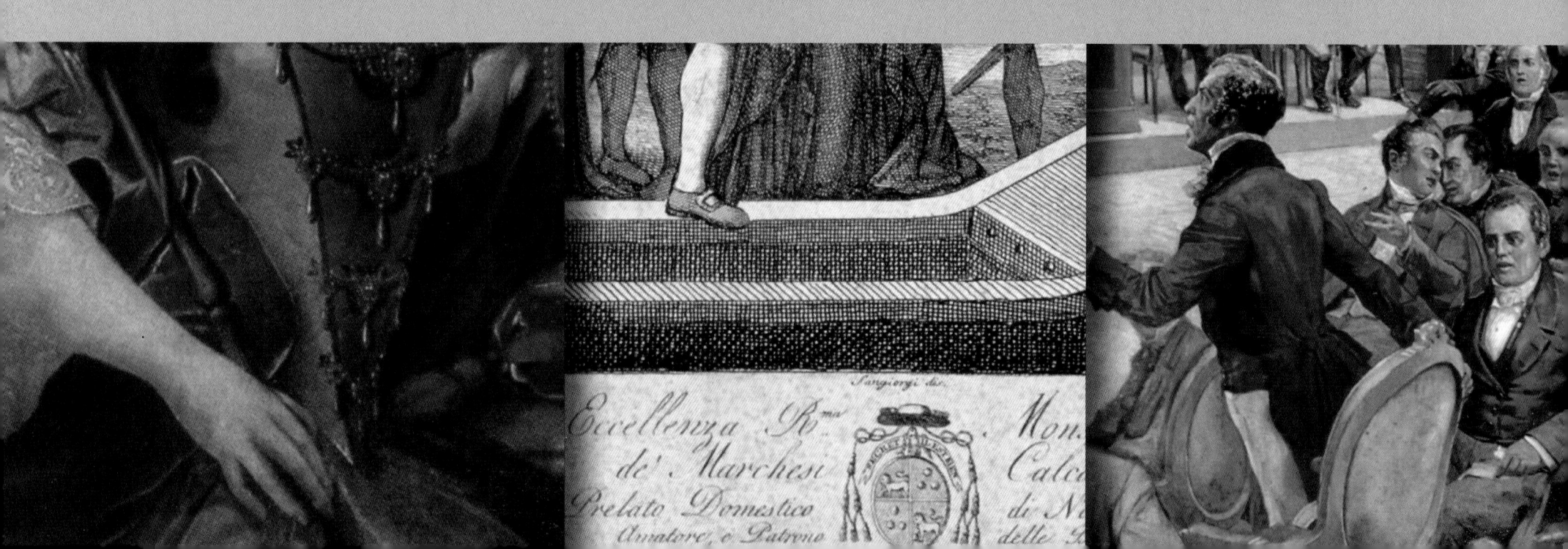

PRIMEIRO REINADO

1808 — ABERTURA DOS PORTOS E CARTA RÉGIA

Com a vinda da família real portuguesa ao Brasil, várias medidas são tomadas e acabam por preparar o país para um cenário de Independência – que viria 14 anos mais tarde.

DOM JOÃO VI

Um dos últimos representantes do absolutismo, d. João VI empreendeu a transferência da sede do reino português de Lisboa para o Rio de Janeiro. No Brasil, criou inúmeras instituições que acabaram preparando terreno para o processo de independência nacional. Morreu aos 58 anos, em 1826, quando já tinha retornado a Portugal.

Fugindo das tropas de Napoleão Bonaparte e com apoio da Inglaterra, a corte portuguesa se muda para o Brasil.

Até o período em que se deu a Independência, vivia-se um cenário com algumas características invariáveis: o Brasil continuava a ser um país agrário, com produção monocultora voltada para a exportação e apoiada no braço escravo. Enquanto isso, a Europa do início do século XIX se transformou no teatro das guerras napoleônicas.

A fragilidade portuguesa, em contraste com a robustez militar do inimigo, deixava entrever a invasão. O projeto de transferir a Corte para o Brasil tomou forma quando as tropas napoleônicas, vindas de território espanhol, avançaram sobre a capital.

Embora o embarque tenha sido atropelado, a decisão de atravessar o Atlântico não foi imposta pelo pânico. Havia muito se estudava essa possibilidade. Às vésperas da partida, a esquadra portuguesa estava pronta, aparelhada com o tesouro e a biblioteca real.

Apesar da ação conspiratória de alguns grupos que desejavam aderir à França, d. João foi avisado com antecedência da chegada dos franceses. Instalou-se certa confusão, com muitos fidalgos fazendo-se transportar às pressas para os navios, onde não havia mais lugar. O povo de Lisboa manifestava com lágrimas, dor e desolação seu sentimento diante da partida do príncipe.

CHEGADA REAL

O futuro monarca e a família real desembarcaram no Rio de Janeiro a 8 de março de 1808, trazendo em sua bagagem a prataria de uso privado e uma formosa biblioteca para encher horas mortas.

A cidade não tinha 60 mil habitantes. O desembarque traduziu-se em imensa festa popular. Os habitantes da capital receberam o príncipe regente com demonstrações de entusiasmo.

As ruas estavam atapetadas de areia da praia e ervas aromáticas. Colchas da Índia tremulavam nas varandas e os sinos repicavam. À medida que a Corte descia dos navios, era recebida com uma chuva de flores e plantas odoríferas. Em frente à igreja do Rosário sacerdotes incensavam os recém-chegados, enquanto o ar era sacudido por foguetes e o matraquear da artilharia.

Por trás da festa, as realidades: uma cidade sujíssima, escravos em toda a parte, pobreza.

"CIVILIZAÇÃO" DOS TRÓPICOS

Em 1º de abril de 1808, influenciado pelo visconde de Cairú, José da Silva Lisboa, d. João decretou a liberdade de comércio no Brasil e revogou a proibição da construção de fábricas.

Em 28 de abril de 1808 criou o ensino médico no Rio de Janeiro. Em 10 de maio de 1808, por meio de um alvará, a Casa da Relação foi elevada à categoria de Casa de Suplicação, tendo as mesmas funções da de Lisboa, ou seja, a de tribunal superior, de última instância, cabendo ao desembargador do Paço a missão de legislar e interpretar leis.

Em 13 de maio de 1808, por decreto, inaugurou o surgimento da imprensa brasileira com a fundação da Imprensa Régia. Mais tarde passou a chamar-se Imprensa Nacional. Também em 1808 fundou o Jardim Botânico. No mesmo ano surgiu o primeiro jornal brasileiro, a *Gazeta do Rio de Janeiro*.

A 4 de agosto de 1808, mediante um alvará, criou o Banco Público com a finalidade de trocar barras de ouro ou ouro em pó por moedas.

O príncipe regente criou, ainda, o nosso primeiro estabelecimento de ensino superior, a Escola de Cirurgia, na Bahia, em 1808. No Rio, ampliava-se a Academia Militar, enquanto na Bahia e no Maranhão solidificavam-se escolas de artilharia e fortificação.

Bibliotecas e tipografias começaram a funcionar, sendo a Imprensa Régia, na capital, responsável pela impressão de livros, folhetos e periódicos, nela publicados entre 1808 e 1821.

IMPRESSÕES E PROIBIÇÕES

Mas por que foi preciso a vinda da família real para se imprimir livros no Brasil? Pois o controle sobre a circulação de ideias, as proposições sobre a fé e os bons costumes era constante.

Desde 1540, a Inquisição impôs a censura do Santo Ofício e do Ordinário, ou seja, a dada pelo bispo sobre publicações. A partir de 1576, d. Sebastião impedia a circulação de qualquer obra que não tivesse a aprovação da Mesa do Desembargo do Paço, um órgão do poder régio. A partir do fim do século XVI, visitas às livrarias, bibliotecas e navios rastreavam o que se lia em Portugal.

Os funcionários do Santo Ofício eram implacáveis, mas por entre seus dedos escorriam as encomendas vindas do exterior. Escondiam-se os importados. Alguns preferiam pedir ao rei licença para fazer suas leituras sem incômodos. Nascia a censura seletiva. Junto com ela, médicos e físicos admoestavam sobre os riscos da

> ### CIVILIZAR A CORTE
>
> À medida que a população da cidade crescia e o comércio de varejo aumentava, membros da corte recém-chegados construíam casas e propriedades e a Coroa subvencionava a construção de novos prédios públicos, bem como um palácio maior para o príncipe regente em São Cristóvão. Havia uma preocupação enorme em "civilizar" a Corte nos trópicos e esconder a presença do cativeiro.
>
> Durante a sua permanência no Brasil, d. João incentivou o aumento das escolas régias – equivalentes, hoje, ao ensino médio –, incentivando também o ensino de primeiras letras e as cadeiras de artes e ofícios.

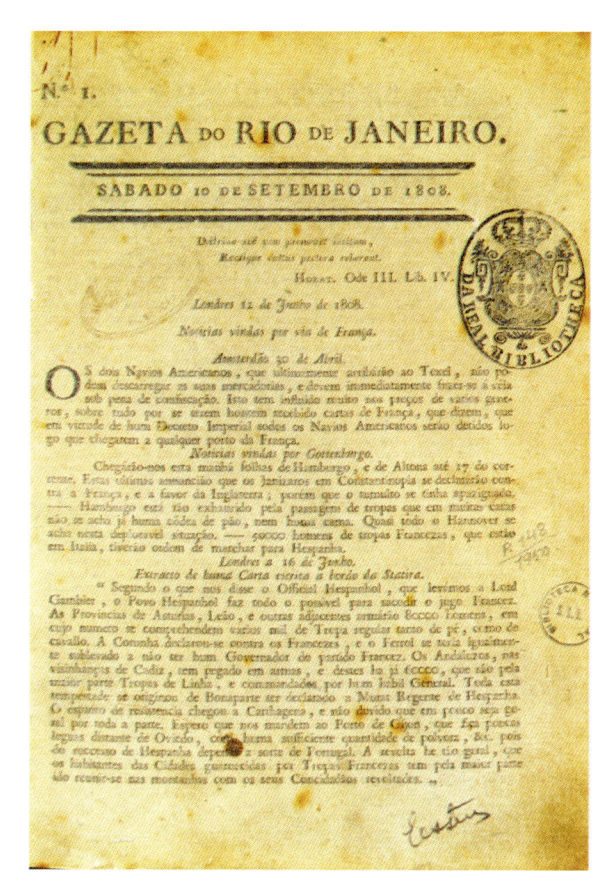

A *Gazeta do Rio de Janeiro* foi o primeiro jornal impresso no Brasil.

Um absolutista no Brasil: d. João VI transformou o Rio de Janeiro.

leitura para a saúde: "Os inconvenientes dos livros frívolos são de fazer perder tempo e fatigar a vista [...] e quanto mais este prazer for vivo e prolongado, mais as consequências serão funestas". Para "os pobres", então, ler era péssimo!

Em 5 de abril 1768, instituída por ordem do marquês de Pombal, nascia a Real Mesa Censória, encarregada de unificar o sistema anteriormente dividido entre o Santo Ofício, o Ordinário e o Desembargo do Paço.

A intenção do poderoso ministro de d. José era secularizar a censura para atender às necessidades do Estado. Cabia à Real Mesa Censória fiscalizar a impressão e a circulação de livros no reino e também aqueles vindos de outros lugares, pois nenhum material impresso deveria entrar na colônia sem antes ser submetido à vistoria dos censores régios.

Em 18 de maio de 1768 estabeleceu-se um regimento no qual constavam todas as atribuições e normas de funcionamento da Mesa. Seu regimento previa que os censores fossem particularmente ativos contra livros que disseminassem heresias, superstições, sátiras pessoais e críticas sediciosas ao Estado.

Destacava-se que estavam proibidas "as pequenas obras dos pervertidos filósofos dos últimos tempos". Elas só podiam ser conhecidas por intelectuais capazes de refutá-las. Magia, astrologia, pornografia, o desprezo pelos princípios divinos eram inadmissíveis. Autores como Voltaire, Montesquieu, Holbach, Mably, Rousseau ou Diderot: vetados. Em 1794, na regência de d. João VI, a censura volta a ser exercida pelas três instâncias: a Inquisição, o Ordinário e a Mesa do Desembargo do Paço.

Após o estabelecimento da Corte no Rio de Janeiro, a Imprensa Régia passou a imprimir, com exclusividade, os papéis diplomáticos e a legislação. A seguir, foi autorizada a publicar outros títulos e assuntos, quando, enfim, novas tipografias se instalaram na Corte e em outras localidades.

ADQUIRINDO UM LIVRO

A censura nesse período procedia da seguinte forma: pequenos e grandes volumes de livros ficavam retidos na alfândega à espera de licença. O interessado enviava à Mesa do Desembargo do Paço uma listagem dos livros que desejava que fossem liberados. O escrivão da Câmara, por sua vez, enviava as listas aos censores régios, que davam seus pareceres. Se favoráveis, eram liberadas; se proibidas ou suspeitas, eram negadas as licenças. No caso de haver alguma dúvida quanto à liberação, solicitava-se que outro censor fizesse uma nova avaliação, ou então que o livro fosse enviado à Mesa para novas leituras. Por fim, cabia ao rei liberá-lo ou não. Nota-se que o processo era lento e falho. As normas não eram claras e as listas, desorganizadas. A listagem dos livros quase sempre era incompleta.

Autores e títulos homônimos, editores que diminuíam e alteravam o conteúdo das obras e as vendiam como se fossem originais também eram comuns. É evidente que a falta de critérios claros, a má elaboração das listas e a dificuldade de acesso ao index de livros proibidos desencadearam dúvidas, desavenças e disputas entre os censores. Cabia-lhes a função de proibir tudo que pudesse ameaçar a religião e a moral, o poder instituído e a cultura.

Apesar de tantos cuidados, houve contrabando de obras proibidas vindas da Europa. Se uma obra era censurada, seu prestígio crescia. Motivo pelo qual os livreiros tentavam a qualquer custo burlar as leis para que esses livros chegassem às mãos dos leitores.

ENFIM, A LIBERDADE

Em decreto de 31 de março de 1821 aboliu-se a Inquisição; e a censura passou aos cuidados do Ordinário – fé cristã – e do Desembargo do Paço – questões políticas. Em Portugal, as Cortes de Lisboa proclamaram a liberdade de imprensa pela lei de 4 de julho de 1821.

No Brasil, proliferaram tipografias, folhetos e periódicos, a maioria anônima, o que levou d. Pedro a proibir em janeiro de 1822 a obscuridade das obras. Em junho do mesmo ano ele publicou um decreto contra os abusos da imprensa, que valeu até o ano de 1823, quando passou a vigorar o projeto de lei sobre a liberdade de imprensa da Assembleia Constituinte.

A lei determinava que nenhum escrito, de qualquer qualidade, volume ou denominação, fosse sujeito à censura, nem antes, nem depois de impresso. Tornava-se livre "a qualquer pessoa imprimir, publicar, vender e comprar os livros e escritos de qualquer qualidade, sem responsabilidade", exceto nos casos de se "abusar da liberdade de imprensa".

A Constituinte foi dissolvida em novembro do mesmo ano. E a Constituição de 1824 declarou apenas que "todos podem comunicar os seus pensamentos, por palavras, escritos e publicá-los pela Imprensa, sem dependência de censura", porém deviam "responder pelos abusos que cometerem no exercício deste Direito, nos casos, e pelas formas, que a Lei determinar".

Em 20 de setembro de 1830 regulou-se esse dispositivo e em dezembro do mesmo ano ele foi integrado ao Código Criminal, permanecendo até 1890.

Utilizando este recorte temporal de 1808 a 1890, foram dez jornais – *Correio Braziliense, Gazeta do Rio de Janeiro, Diário do Rio de Janeiro, Diário de Pernambuco, O Farol Paulistano, Jornal do Commercio, Gazeta de Notícias, O Estado de S. Paulo, Gazeta de Alegrete* e *O Paiz* – e uma revista – a *Revista Illustrada* – que circularam no Brasil.

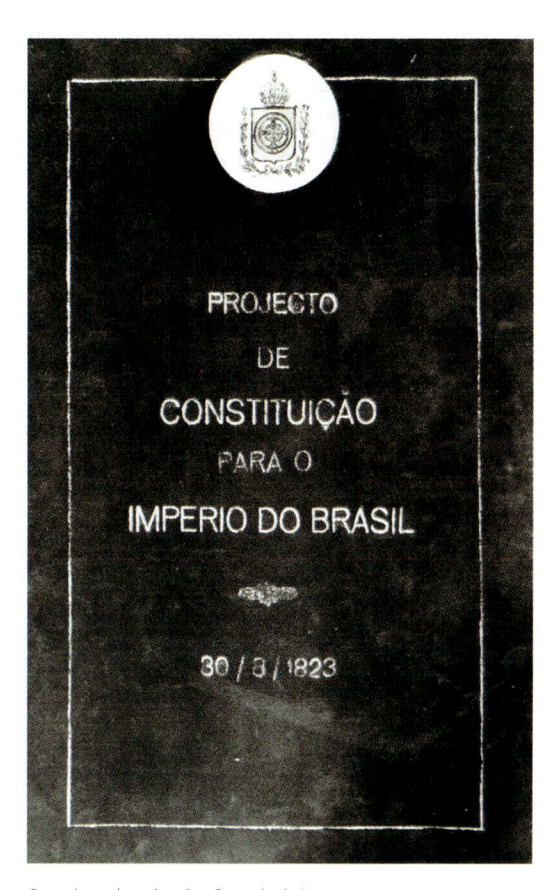

O *Correio Braziliense*, aliás, tinha uma peculiaridade: era produzido e editado em Londres, onde vivia, exilado, o jornalista Hipólito José da Costa. À distância, ele fazia o que a "oficial" *Gazeta do Rio de Janeiro* não podia: política. Enquanto o produzido aqui no Rio se ocupava em relatar estados de saúde e registros sociais dos monarcas europeus, o *Correio* atacava os defeitos da administração do Brasil.

D. Maria I, a mãe de d. João VI, encontrava-se com problemas mentais.

O projeto da primeira Constituição do Brasil nasceu em 1823, mas só se tornaria realidade no ano seguinte.

LINHA DO TEMPO

1808
D. João VI e a família real portuguesa desembarcam no Rio de Janeiro. No mesmo ano, um decreto libera o comércio e revoga a proibição de fábricas no país. É criada a primeira escola de ensino superior, surge a imprensa brasileira, é fundado o Jardim Botânico e um banco

1821
A Inquisição é abolida. Em Portugal, é proclamada a liberdade de imprensa

1822
No Brasil, d. Pedro publica um decreto contra os abusos da imprensa, que valeria até o ano seguinte

1824
A Constituição declara que todos podem publicar seus pensamentos, sem censura, mas devem responder por abusos

PRIMEIRO REINADO 37

1815 — BRASIL COMO REINO UNIDO DE PORTUGAL E ALGARVES

O Brasil adquire novo status e as capitanias se tornam províncias. Entretanto, nos confins do país, o descontentamento era grande contra a centralização da Coroa e os altos impostos: surgem movimentos separatistas.

CIPRIANO BARATA

Diplomado em cirurgia, filosofia e matemática pela Universidade de Coimbra, retornou ao Brasil depois de se encantar com as ideias iluministas que conhecera em sua temporada europeia. Aqui se tornaria um dos mais ativos militantes da Independência. Defendia reformas sociais e o fim da escravidão. Morreu em 1838, aos 75 anos.

Insurreições proliferam pelo país, como no caso da Revolução Pernambucana, de 1817.

Na Europa, a derrota de Napoleão e a Revolução Francesa tinham mudado o quadro geopolítico. Os representantes de vários reinos antes derrotados se reuniram num congresso, o de Viena, para reorganizar o mapa das antigas monarquias. Para justificar as mudanças invocou-se o "princípio de legitimidade".

A ideia central era restabelecer a situação política que existia antes da Revolução Francesa. Desejava-se, também, restaurar as antigas fronteiras embaralhadas pelas conquistas napoleônicas e melhor distribuir as colônias mundo afora. Em face das ideias liberais, potencializadas pela Revolução Francesa, seus líderes invocavam a volta ao Antigo Regime e a proteção à religião, a paz e a justiça. Membros do Congresso de Viena: Inglaterra, Áustria, França, Rússia, Prússia. Juntos, foram denominados Santa Aliança.

Nesse mapa, a instalação da casa real de Bragança no Brasil foi considerada uma situação ilegítima. A Santa Aliança exigia o retorno de d. João VI a Portugal. No final do reinado de sua mãe, d. Maria, o príncipe regente e futuro rei elevou o Brasil à condição de Reino Unido. Intitulou-se, então, "pela Graça de Deus, Príncipe-Regente de Portugal, Brasil e Algarves, daquém e dalém-mar em África, senhor da Guiné, e da Conquista, Navegação e Comércio da Etiópia, Arábia, Pérsia e Índia".

O título oficial anterior era o mesmo, apenas não incluindo a palavra "Brasil". A ideia foi do representante francês, o príncipe de Talleyrand, "a fim de que se estreitasse por todos os meios possíveis o nexo entre Portugal e o Brasil, devendo este país, para lisonjear seus povos, para destruir a ideia de colônia que tanto lhes desagrada, receber o título de Reino".

A partir de 16 de dezembro de 1815, por um decreto, formaram "um só corpo político". Afinal, era preciso defender a monarquia na América, onde vários movimentos republicanos detonaram processos de independência nas colônias inglesas e espanholas.

No Congresso de Viena, os portugueses pediram de volta o território de Olivenças que havia sido perdido para os espanhóis durante a guerra. Queriam também renegociar o tratado comercial de 1810 com a Inglaterra e manter em sua posse o Uruguai. D. João desejava ainda conservar a Guiana invadida aos franceses e, sobretudo, não ser incomodado por qualquer pressão para pôr fim ao comércio de escravos. A influência de Portugal era mínima e suas pretensões foram, na maioria, ignoradas.

ÂNIMOS EXALTADOS

No Brasil, a elevação a Reino transformou as capitanias em províncias. A alteração foi cosmética, pois não havia corpo político para respaldá-las. Mas, se as mudanças foram poucas, multiplicaram-se as tensões.

Pernambuco foi a primeira a se levantar em 1817: queria a independência e proclamou uma república. As razões foram várias, mas destacava-se a obrigatoriedade do pagamento de elevados impostos no Nordeste para manter a vida da Corte no Rio de Janeiro. E a presença maciça de funcionários portugueses nos postos de comando e na administração, privilegiando, acima de tudo, os interesses lusos no Brasil. Na carreira militar, por exemplo, os melhores postos eram deles. Uma grande seca em 1816 e a proliferação de ideias liberais, sobretudo entre maçons, puseram fogo ao movimento.

A Revolução de 1817 incendiou também o sertão. Passou de Alagoas à Paraíba e ao Rio Grande do Norte. O antilusitanismo alimentou a revolta que uniu diferentes grupos da sociedade.

Para as camadas mais pobres o importante era a noção de igualdade, subentendida na de independência. Para os grandes proprietários tratava-se de acabar com a centralização imposta pela Coroa, fugir de tantos impostos e tomar nas mãos o destino do Nordeste.

Os revolucionários tomaram Recife, se apossaram do tesouro da província, instalaram um governo provisório e proclamaram a República. Mas não tocaram na escravidão: ela permanecia.

Em Assembleia Constituinte, com representantes eleitos de todas as comarcas, ficou resolvida a separação entre os poderes Executivo, Legislativo e Judiciário. O catolicismo foi mantido como religião oficial, mas com liberdade de culto para as demais – o sentimento patriótico dos pernambucanos era tanto que, para marcar a identidade local, era comum utilizarem, nas missas católicas, cachaça em vez de vinho e hóstia feita de mandioca em vez de trigo. Foi proclamada a liberdade de imprensa – algo inédito até então no país.

Alguns acontecimentos prosaicos também foram registrados. Um emissário foi enviado aos Estados Unidos com 800 mil dólares – o equivalente a mais de 2 milhões de reais – na bagagem. Ele deveria comprar armas para reforçar a defesa dos revolucionários, convencer os americanos a apoiar o movimento e recrutar alguns antigos revolucionários franceses exilados nos Estados Unidos para, com a ajuda deles, libertar Napoleão Bonaparte – já exilado na Ilha de Santa Helena. Havia um plano de levá-lo para o Recife a fim de ele comandar o movimento revolucionário.

Nada disso deu certo. Em maio de 1817, as forças portuguesas ocuparam a capital, depois de combates no interior. O movimento durou cerca de dois meses e, em consequência do levante, seus líderes foram arcabuzados.

Com a decisão de manter-se no Brasil, d. João neutralizou qualquer tentativa de emancipação política, mas, em compensação, provocou enorme insatisfação em Portugal. As consequências não tardaram.

Brasil muda de *status*: de colônia a Reino Unido de Portugal, Brasil e Algarves.

LINHA DO TEMPO

1815
Sete anos após a chegada da família real, o Brasil é elevado a Reino Unido de Portugal e Algarves

1816
Uma grande seca assola o Nordeste brasileiro

1817
Revoltosos em Pernambuco querem a independência e proclamam uma república. O levante durou cerca de dois meses

1821 — MANIFESTO DO FICO

Movimento português exige a volta da família real e da restauração do reino. A solução encontrada por d. João VI foi voltar a Portugal deixando aqui seu filho d. Pedro, como príncipe regente.

DOM PEDRO I

Entrou para a História como aquele que proclamou a Independência do Brasil. Em 7 de setembro de 1822, com quase 24 anos de idade, tornou-se, portanto, o primeiro imperador do país – cargo que ocuparia até 1831. Assim como Pedro IV, acabaria sendo coroado também rei de Portugal. Morreu em 1834, quando tinha 35 anos de idade.

Em Portugal, a população exigia a volta da família real para que o país fosse "restaurado".

Em 24 de agosto de 1820 eclodiu na cidade do Porto uma insurreição militar. Em nome "da Constituição, da nação, do rei e da religião católica", seus adeptos queriam "restaurar" a nação portuguesa. Não houve resistência.

A maçonaria, os liberais afrancesados, os comerciantes insatisfeitos e o Exército esmagado pela presença inglesa gritavam unidos: Constituição! Uma junta provisória convocou as Cortes Gerais para elaborá-la.

Reforçava-se o nacionalismo. Portugueses, sobretudo os da burguesia, queriam os ingleses fora do país. Desde 1808 o governo britânico enviara um general como governante todo-poderoso que via Portugal como uma espécie de protetorado ou um reino de segunda classe.

Os lusos exigiam o retorno da Corte e a restauração do comércio com o Brasil. A reação contava com a participação de comerciantes insatisfeitos com o fim do monopólio comercial de produtos exportados da colônia. Insatisfação acrescida pelos tratados assinados com a Inglaterra: esta ganhara em todas as frentes, despejando no Brasil seus produtos e comerciantes.

A resposta foi a exigência do retorno de d. João como forma de "restaurar a dignidade" da metrópole e o controle da monarquia por meio de uma Constituição que garantisse os direitos individuais dos cidadãos.

No Brasil, não tardaram as reações e o caos se instalou. Os acontecimentos se precipitaram: no Grão-Pará, na Bahia e no Maranhão as tropas revoltaram-se em apoio aos revolucionários portugueses. Formaram-se juntas governativas, que só obedeceriam às Cortes de Lisboa. O ressentimento com a Corte do Rio era grande; afinal, eram as regiões Norte e Nordeste que, sobrecarregadas de impostos, suportavam-lhe o trem de vida.

Os acontecimentos obrigavam que o monarca tomasse uma atitude. D. João tinha duas opções: ou voltava a Lisboa, tentava controlar as Cortes sob o preço de grandes concessões, ou ficava no Rio de Janeiro, encarnando a monarquia absolutista nos trópicos e correndo o risco de uma ruptura com o Reino.

O REI VOLTA E O PRÍNCIPE FICA

A 26 de fevereiro de 1821 os fatos se impuseram. A pressão popular obrigou d. João VI a jurar os princípios constitucionais. O príncipe d. Pedro solucionou a crise ao aceitar certas reivindicações dos amotinados. A monarquia, doravante, seria constitucional, renunciando ao absolutismo.

A 7 de março, d. João VI anunciou por decreto que partia para Portugal deixando seu filho d. Pedro como regente. Apesar dos protestos populares, o monarca embarcou em lágrimas a 26 de abril. A rainha Carlota Joaquina exultava. Maldizia o Brasil, terra – queixava-se – onde só vira negros!

A esquadra, composta por duas fragatas e nove embarcações de transporte, levava 40 mil pessoas e 50 milhões de cruzados. O rei abandonava a estrutura de um Reino Unido, porém, sem tostão. Os cofres ficaram vazios depois da partida da Corte.

DICA DO FICO

A situação política era terrível. As províncias do Norte só obedeciam a Lisboa. E, na Corte, d. Pedro estava à mercê de tropas portuguesas que endossavam os protestos populares e os desígnios das Cortes. Na verdade, o regente estava entre dois fogos: obedecer a d. João e ser obrigado a impor sanções ao Brasil, ou reagir, manifestando o desejo de independência.

O segundo semestre de 1821 foi tenso. Apoiado pelos jornais maçônicos, d. Pedro colocava-se como favorável à independência e sensível à ideia de assumir o trono do Brasil. Pouco antes de seu aniversário, 12 de outubro, panfletos invadiram a cidade informando que, na data, ele seria proclamado imperador. Mas a cada passo dado à frente correspondia outro, para trás. E ele escrevia a d. João jurando-lhe fidelidade e obediência, assinando com sangue ou tinta vermelha. Nas Cortes lisboetas, as pessoas riam-se de tais juramentos.

No início de dezembro chegou o empurrão que faltava para o arranjo dos que não queriam a partida do regente. Um decreto ordenava a volta do príncipe a Portugal. Folhetos não tardaram a chover. Acusavam a resolução das cortes de "ilegal, injuriosa e apolítica". Incentivavam os brasileiros a pedir a d. Pedro que garantisse a representação de que o país já gozava. No mesmo dia foi encaminhada uma representação pedindo-lhe que não partisse. Sua solene decisão de ficar no país foi formalizada no "Dia do Fico", a 9 de janeiro de 1822.

"A Ficada" representou a escolha de um caminho sem volta. Os atos do príncipe regente, a seguir, foram de ruptura com Portugal. As tropas lusas que não lhe juraram fidelidade foram obrigadas a deixar o Brasil. A chefia de seu ministério, apesar da presença de ministros portugueses, coube a um brasileiro: José Bonifácio de Andrada e Silva. A lusofobia aumentava a olhos vistos e preparava o rompimento definitivo.

VOLTA À COLÔNIA

Em Portugal exigia-se que o Brasil voltasse à antiga condição de colônia. O antibrasileirismo era latente. Nas ruas do Rio de Janeiro circulavam panfletos discutindo a questão: "Devem nas presentes circunstâncias El-Rei e a família real de Bragança voltar a Portugal ou ficar no Brasil". E não faltava quem gritasse: "Abaixo o absolutismo".

Ao fundo, Cipriano Barata, um dos mais ativos iluministas do Brasil, defensor da Independência.

LINHA DO TEMPO

1820 — Insurreição militar na cidade do Porto pede a "restauração" da nação portuguesa

1821 — Pressionado, d. João VI decide voltar a Portugal, deixando no Brasil seu filho d. Pedro, na condição de príncipe regente

1822 — Em resposta ao decreto que ordenava sua volta à Portugal, d. Pedro decidiu ficar no Brasil. Era um passo importante rumo à Independência, que seria proclamada no mesmo ano

1824 — PROJETO DE UMA CONSTITUIÇÃO MONÁRQUICA

Discussões liberais moderadas deram origem à primeira Carta Magna do Brasil. Com pequenas modificações, o documento vigorou até o final do Império.

☞ **BENJAMIN CONSTANT**

O militar, engenheiro, professor e estadista viveu entre 1833 e 1891 e, adepto do positivismo, foi um dos articuladores do movimento que resultaria na Proclamação da República, em 1889. Pacifista, defendia um futuro fim das Forças Armadas, com a atuação policial restrita apenas à manutenção da ordem pública.

Nascia o Brasil independente de Portugal. Agora, era necessária uma Constituição.

A Independência do Brasil aconteceu como parte de uma conjuntura internacional em que praticamente todas as colônias da América se tornaram independentes.

Num período relativamente curto, o sistema colonial entrou em crise. Havia grupos que deram suporte e eram favoráveis à emancipação, mas sem qualquer ideia do que fosse uma "nação". O compromisso com a Coroa portuguesa, porém, fez com que a ruptura não fosse traumática. E o fato de d. Pedro I ter sido coroado imperador colaborou para esse resultado.

Na época, as províncias não tinham quase comunicação umas com as outras, mas, sim, com a metrópole. O comércio estava centralizado na Europa. Comércio interno? Quase nenhum. E era preciso submeter as províncias ao Rio de Janeiro.

Não foi fácil. Houve resistências e combates. O governo lançou mão da contratação de mercenários europeus – inclusive do famoso lorde Cochrane – para dominar as regiões rebeldes. A construção da unidade exigiu longo tempo. O Império foi organizado de forma centralizadora, mas a tensão federalista persistiu ao longo do século XIX e foi um dos fatores que o levou à ruína, em 1889.

IDEALIZANDO A CONSTITUIÇÃO

Mas como foi redigida a Constituição de 1824? Durante dois anos depois da Independência os debates políticos giraram em torno do tema.

Os eleitos para uma Assembleia Constituinte se reuniram no Rio de Janeiro, em maio de 1823. A maioria dos constituintes adotava uma postura liberal moderada, pronta a defender uma monarquia constitucional que garantisse os direitos individuais e estabelecesse limites ao poder do monarca.

Mas o papel do Poder Executivo, no caso o imperador, criou problemas desde o início. Os constituintes não queriam lhe outorgar o direito de dissolver a futura Assembleia dos Deputados, forçando, quando quisesse, novas eleições. Não lhe davam tampouco o poder de veto absoluto. A posição foi mal recebida por d. Pedro, que desejava um Executivo forte, capaz de enfrentar "tendências democráticas e desagregadoras". Era preciso, segundo ele, concentrar poderes em suas mãos. A disputa entre poderes acabou por justificar a dissolução da Assembleia, com o apoio dos militares.

DE CIMA PARA BAIXO

A seguir, elaborou-se um projeto que deu forma à Constituição de 25 de março de 1824. Não diferia muito da proposta anterior, mas nascia de cima para baixo – ou seja, da minoria de brancos e mestiços que votava –, imposta "ao povo".

Os escravos estavam excluídos de seus dispositivos. Embora houvesse em alguns setores uma forte pressão pela abolição e até mesmo pela reforma agrária, a maioria estava comprometida com a escravidão. Em 1831 chegou-se a fazer uma lei proibindo o tráfico, mas ela não foi respeitada.

Sim, pois havia uma grande distância entre teoria e prática. Ao organizar poderes, garantir direitos individuais e definir atribuições, tudo era perfeito. O problema era a aplicação numa sociedade onde um pequeno grupo tinha o poder político e, também, instrução e tradição autoritária.

PODERES DO GOVERNO

A Constituição de 1824 vigorou, com pequenas modificações, até o final do Império. Definiu o governo como monárquico, hereditário e constitucional. O Império teria uma nobreza na forma de títulos, não hereditários, concedidos pelo imperador (barão, conde, duque).

A religião católica romana continuava como religião oficial, autorizando-se, apenas, o culto privado de outras religiões. O Conselho de Estado era um órgão composto por conselheiros nomeados pelo imperador, entre brasileiros maiores de quarenta anos, renda não inferior a 800 mil réis e que "fossem pessoas de saber, capacidade e virtude". O Conselho de Estado deveria ser "ouvido nos negócios graves e medidas gerais de pública administração".

O Poder Moderador, nascido de uma ideia de Benjamin Constant, autor muito lido na época, prognosticava que o rei não interferiria na política administrativa e cotidiana, tendo o papel de moderar as disputas mais graves, como porta-voz da "vontade e do interesse nacional". Ou seja: era facultado a ele ser o voto diferencial em eleições e estabelecer ou revogar normas nos demais poderes.

A dificuldade residiu em separar o Poder Moderador do Executivo. Finalmente, o imperador concentrava uma série de atribuições: nomeava senadores, podia dissolver ou convocar a Câmara para eleições, cabendo-lhe, também, aprovar as decisões da Câmara ou do Senado. Sua pessoa era considerada inviolável e sagrada, não estando sujeita a responsabilidade alguma.

Filho do rei português, d. Pedro I se torna o primeiro imperador do Brasil.

LINHA DO TEMPO

1822 — D. Pedro proclama a Independência do Brasil e se torna o primeiro imperador

1823 — Os eleitos para a Assembleia Constituinte se reúnem no Rio

1824 — Projeto dá forma à Constituição, que vigoraria até o final do Império

1831 — É criada uma lei que proíbe o tráfico de escravos, porém não é respeitada

1832 — CARTAS DE D. PEDRO I AOS FILHOS DEIXADOS NO BRASIL

A face mais carinhosa do primeiro imperador do Brasil é revelada nas cartas que ele escrevia aos filhos deixados aqui, quando retornou a Portugal.

☞ **DOM PEDRO II**

O segundo e último monarca brasileiro reinou no país por 58 anos. Muitos creditam a ele o fato de o Brasil ter se tornado uma potência na América do Sul, já que em seu governo a nação gozou de estabilidade política e crescimento econômico que destoava das regiões vizinhas. Exilado na Europa após a Proclamação da República, morreu em Paris em 1891, aos 66 anos.

Filhos de d. Pedro I: em cartas, pai carinhoso fortalecia contato com eles, mesmo à distância.

"Meu amado filho e adoradas filhas", "recebei a bênção que de todo o coração vos deita vosso saudoso pai que muito vos ama." A julgar pela biografia, ninguém diria que a voz desse pai extremoso foi a do homem de muitas amantes e personagem de eventos políticos que mudaram o rumo da história do Brasil: d. Pedro I.

Suas cartas repletas de carinho e preocupação com os filhos, que deixou no Brasil ao abdicar do trono e partir para Portugal em abril de 1831, revelam mudanças e novas lógicas nas relações entre pais e filhos. O sentimento do que chamaríamos "paternidade", ou seja, o "estado ou qualidade do pai" estava em curso, na primeira metade do século XIX, enquanto d. Pedro cuidava dos filhos.

O que era ser pai, então? Durante séculos, a palavra "pai" esteve referida ao Eterno. Apenas Ele, Deus Poderoso, era pai. E pai imparcial, cruel para corrigir os erros humanos.

O Pai do Antigo Testamento era o fundador de uma ordem. Já o terreno, um mediador entre seus familiares e a divindade. E se o Pai Eterno era onipresente, os de carne e osso eram figuras bastante ausentes. Deambulavam dentro do vasto território da América portuguesa em busca de trabalho. Foram lavradores, donos de engenhos de açúcar, mineradores, cativos trazidos das costas africanas, artesãos, condutores de tropas, donos de pequeno comércio, milicianos etc.

O CHEFE DA FAMÍLIA

Mas, se ausente fisicamente, o pai gozava de uma imagem fortíssima. Imagem que dominava a precária vida privada. Em teoria, cabia-lhe velar por tudo, comandar o trabalho, distribuir comida e castigos. A lei, dentro de casa, era estabelecida por ele.

Espécie de chefe grave e austero, a ele era atribuída a transmissão de valores patrimoniais, culturais e o patronímico que assegurariam à criança sua passagem e, depois, sua inclusão na sociedade.

Para o poder do pai não havia freios. Ao conservar resquícios do sistema romano, o direito pré-codificado conferia ao pai poderes que nem a maioridade interrompia, quando o filho completava 25 anos. A preocupação em não apenas engendrar, mas, sobretudo, em educar filhos irrompeu durante o Renascimento.

Doutrinar, castigar, encaminhar, solucionar problemas... Tais os mandamentos do bom pai. Mas existia também uma dimensão sentimental capaz de registrar momentos da afeição paterna. Momentos em que um rosto se cobria de lágrimas de alegria ou de dor. Sabe-se que d. Pedro batizava seus filhos com a imperatriz Leopoldina ou com sua favorita, Domitila, a marquesa de Santos, com exuberância.

D. Pedro II, por exemplo, teve a cerimônia realizada na igreja de Nossa Senhora do Outeiro da Glória, em dezembro de 1825. Seu pai chegou a compor um Te Deum em homenagem à cerimônia.

Isabel Maria, futura duquesa de Goiás, recebeu o batismo na igreja de São Francisco Xavier do Engenho Velho, em maio de 1824. Ausente, nunca deixou de se manifestar nos seus natalícios. "Nossa Belinha", como era chamada a filha mais velha com Domitila, ganhou título de duquesa, festança com ceia e o direito de ser chamada "vossa alteza" num de seus aniversários.

Mesmo de volta a Portugal, d. Pedro escrevia aos filhos que deixou no Brasil: "Meu querido filho. Estando a sair um navio para esta corte, não quis deixar de te escrever e te dar os parabéns do dia do teu nome, como o fiz o ano passado em Paris". Seguia seus estudos e progressos, como se vê em cartas ao filho: "Vejo pelas tuas cartinhas [...] e me convenço que tu fazes progressos. Duas cartas já escritas sem lápis e com tão linda letra".

UM PAI CARINHOSO E PREOCUPADO

Não foram poucas as cartas que d. Pedro escreveu, revelando a intensidade dos sentimentos, saudade e, como de praxe, orientações. O carinho dos apelidos – d. Pedro II era chamado de Nhonhô – não descurava da avaliação dos estudos:

Porto, 4 de dezembro de 1832

"Meu querido filho e amadas filhas. Muito vos agradeço a vossa carta de 4 de agosto pela certeza que me dais de que felizmente gozais de perfeita saúde e porque me pedis notícias minhas [...] Muito sinto que não me digais alguma coisa relativa aos vosso estudos, mas penso que o motivo de assim não o fazerdes, não foi outro senão a pressa com que me escrevestes. É mister que dê os meus louvores à Januária pela boa escrita, e a Nhonhô e à Paula por terem feito seus nomes muito bem, tendo a desconsolação de ver que a Chiquinha não escreveu o seu também, como era para desejar. Espero que empregueis bem o tempo em que vos apliqueis aos vossos estudos como convém a pessoas tais que a Providência colocou em tão alta hierarquia [...] Recebei, meu querido filho e amadas filhas, a bênção que de todo o coração vos deita, vosso saudoso pai."

D. Pedro, o "bom pai", como afirmaram tantos biógrafos. Sim, pois o sentido da paternidade estava visivelmente em transformação. Passava-se do "pai tirano" ao "pai amante". O jovem imperador inspirava-se claramente nesse novo princípio. Se durante o Antigo Regime eram comuns os pais que tratavam seus rebentos com brutalidade e ignorância, essa era a época dos laços de afeto e cuidados com os filhos.

A paternidade deixava de ser pautada exclusivamente pelo sangue, pela linhagem, para consolidar-se como resultado de um desejo, de uma vontade. O homem deixava de ser simplesmente um genitor para responsabilizar-se pelo amor à criança e o bem da família.

Leopoldina: mãe de Pedro II, primeira mulher de Pedro I, morreu em 1826, no Rio.

PAIS AUESENTES

Figuras pouco nítidas, pais eram, por vezes, lembrados pela memória popular em expressões e ditados de uso comum: "Tal pai, tal filho", maneira de reconhecer os traços do genitor ausente. Tão ausente que expressões jurídicas da época manifestavam a realidade de muitos filhos: "De pai incógnito" – como rezavam os documentos de batismo. Afinal, a bastardia ou ilegitimidade se expressariam pela semelhança física. Eis por que muitos de nossos antepassados foram mais "filhos da mãe" do que do pai.

LINHA DO TEMPO

1824 — Batismo de Isabel Maria, filha mais velha de d. Pedro I com Domitila, a Marquesa de Santos

1825 — O imperador compõe um Te Deum em homenagem à cerimônia de batismo de seu filho, d. Pedro II

1831 — D. Pedro I abdica do trono e parte para Portugal

1834 — Morre d. Pedro I

1839-1889

SEGUNDO REINADO

1839 — O GOLPE DA MAIORIDADE

Nas discussões políticas, havia uma certeza: para cessarem os movimentos revoltosos que proliferavam pelo país, era preciso antecipar a maioridade de d. Pedro II, então um adolescente, e, assim, fortalecer a autoridade do poder central.

☞ **ANTÔNIO CARLOS DE ANDRADA E SILVA**

Diplomado em filosofia e direito pela Universidade de Coimbra, foi autor do primeiro projeto da Constituição Brasileira, que não chegou a ser votado, pois a Constituinte fora dissolvida pelo imperador d. Pedro I. Como líder do Clube da Maioridade, ocupou o cargo de Ministro do Império. Foi senador pela província de Pernambuco em 1845, ano de seu falecimento.

Aos cinco anos, d. Pedro II é aclamado imperador do Brasil.

Durante o período das Regências não faltou quem achasse que as frequentes agitações que chacoalhavam o país deviam-se ao frágil regime em questão. E elas foram muitas.

Houve a Cabanagem, revolta rural no Pará; a Sabinada, sustentada por médicos, advogados e militares na Bahia; a Balaiada, que reuniu intelectuais, vaqueiros, agricultores e índios no Maranhão e Piauí; a Farroupilha, que reuniu gaúchos revoltados com impostos e que proclamaram a República de Piratini. O Império parecia fora de controle.

Tantas questões políticas tinham respaldo nas tensões sociais. Os donos de escravos e de terras estavam apreensivos com a implantação da descentralização – sistema político que era contrário à centralização do poder –, que consistiu em distribuir pelas autarquias locais algumas atribuições pertinentes à administração pública, conferindo-lhes a decisão dos negócios de sua respectiva alçada.

Os políticos só viam uma única saída para a crise que se abatera sobre a nação. E a partir do ano de 1835 várias propostas antecipando a maioridade do imperador d. Pedro II entraram na pauta.

FORTALECIMENTO DA LIDERANÇA

Do ponto de vista de um grupo de deputados, só o retorno à monarquia centralizada pacificaria o país. Na visão dos progressistas – conhecidos como Liberais –, e dos regressistas – os ditos Conservadores –, a ordem tinha de ser estabelecida e fazia-se necessário o fortalecimento da autoridade do poder central e a cessação dos movimentos que conduziram as pessoas às ruas, nem sempre conscientes de por que estavam lutando.

O primeiro projeto foi apresentado pelo deputado Luís Cavalcanti, em 1835. Sem resultados. Ele pareceu à Câmara e aos políticos claramente inconstitucional.

No ano seguinte, discutiu-se se a princesa d. Januária, irmã de d. Pedro II, que então completava 14 anos, poderia assumir caso faltasse o jovem imperador.

Resposta: não. Era preciso ter 25 anos para o parente mais próximo ocupar seu lugar.

ANTECIPAÇÃO DA MAIORIDADE

Enfim, as discussões se sucediam até que foi fundado, em abril de 1840, o Clube da Maioridade. Seus membros eram os notáveis saídos do Partido Liberal que se encontravam afastados do poder. O Clube tinha como líder Antonio Carlos de Andrada e Silva e suas reuniões giravam em torno da melhor forma de se aclamar a tão desejada maioridade de d. Pedro II.

Foi se consolidando o projeto de antecipação da maioridade como única forma de alcançar a salvação nacional. Tornava-se necessário e premente que Pedro de Alcântara assumisse imediatamente seu posto de imperador do Brasil.

A opinião pública endossava o ensejo por meio da imprensa, de pequenos jornais, de pasquins e mesmo de versos populares. Crescia, a olhos vistos, a corrente "maiorista". Foi graças à atuação do Clube que a maioridade chegou mais cedo.

Sua votação foi reiterada várias vezes, proposta por deputados, sem resultado. Até que em julho de 1840, depois de ver recusado mais uma vez seu projeto, os maioristas pediram ao Senado que se pronunciasse sobre a questão.

O movimento, conduzido por Antônio Carlos de Andrada – um juiz de fora, desembargador e político –, metamorfoseou-se em uma oscilação palaciana que culminou com a derrocada dos conservadores e a ascensão dos liberais. Andrada, que assinava os artigos de jornais com o pseudônimo Philagioseteros, tinha discurso mordaz e era eficiente no convencimento.

Farrapos: no Rio Grande do Sul, revoltosos proclamam uma República.

MANOBRA POLÍTICA

Na verdade, os liberais obtiveram êxito e brindaram a execução de um genuíno golpe político que destronou os conservadores. Alguns historiadores defendem a ideia de que a maioridade não foi uma manobra traiçoeira do parlamento, mas sim um "assentimento" por parte do jovem príncipe, que se encontrava pronto e ansioso para assumir o que era seu de direito.

GOLPE DA MAIORIDADE

Diante deste fato, a antecipação da idade legal de d. Pedro II tornou-se conhecida como o Golpe da Maioridade. Para consolidá-lo, uma comissão foi enviada ao jovem imperador, solicitando que entrasse, "desde já", no exercício de suas funções. Sua resposta, segundo alguns biógrafos: "Quero já!".

Aos 14 anos e sete meses e meio de idade, d. Pedro II, "no trono" desde os cinco anos, começou a governar depois de assinar o compromisso constitucional. Era o início de um longo reinado, que duraria até a Proclamação da República, em 1889. Era o início da gestão, portanto, do último monarca brasileiro. Já no dia 24 de julho de 1840 o imperador formava um novo ministério com os liberais, iniciando o "revezamento" partidário que foi uma característica do Segundo Reinado. Tinha fim o tormentoso período das Regências.

LINHA DO TEMPO

1831 – D. Pedro I abdica do trono e retorna à Europa – aos cinco anos, d. Pedro II herda o trono

1835 – Várias propostas surgem com a ideia de antecipar a maioridade de d. Pedro II

1840 – É fundado o Clube da Maioridade. Poucos meses depois, a Assembleia declara d. Pedro II formalmente maior de idade aos 14 anos. D. Pedro II é aclamado, coroado e consagrado o segundo imperador do Brasil

1839 — A ESCRAVIDÃO

Durante quase quatrocentos anos, a mão de obra escrava negra foi a força motriz da economia brasileira. Estima-se que de 2,5 milhões a 3 milhões de africanos, na maioria homens, desembarcaram no Brasil como escravos.

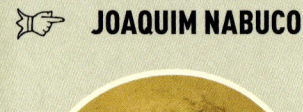

☞ **JOAQUIM NABUCO**

Monarquista e abolicionista, costumava atribuir à escravidão a responsabilidade pelos problemas da sociedade brasileira. Jurista, historiador, diplomata, político e jornalista, defendeu a liberdade religiosa no Brasil. Foi um dos fundadores da Academia Paulista de Letras. Morreu em 1910, aos sessenta anos.

No século XIX, escravos desempenhavam as mais variadas funções de trabalho braçal no país.

RIQUEZA CULTURAL

Escravos não eram só força de trabalho, mas mediadores de velhíssimas culturas, cujas influências na arte, na música, na religião, na fabricação de utensílios ou no uso de metais se fazem sentir até hoje. "Civilizados até o tutano dos ossos", foi como Leo Frobenius os descreveu ao estudar a organização, solidez e opulência do que os europeus chamavam de Reino do Congo.

Presentes no Brasil desde as primeiras décadas do século XVI, os primeiros escravos africanos se tornaram a mão de obra básica no Nordeste, no século XVI, e no Sudeste, no século XVIII.

Bolsões de escravidão africana subsistiram também na Amazônia e no sul de São Paulo. Fora das economias de exportação baseadas no ouro branco – o açúcar – e no amarelo, extraído de minas, que São Paulo usou e abusou da escravidão de indígenas.

Todos os que aspiravam à riqueza e ao *status* possuíam escravos. Até escravos libertos e forros eram proprietários de cativos e alguns participaram como comerciantes bem-sucedidos no negócio do tráfico entre África e Brasil. Em todas as camadas da população a escravidão esteve presente. Quem não possuísse ao menos um cativo era considerado pobre.

POPULAÇÃO ESCRAVA

Quantos foram? Há estimativas em torno de 2,5 a 3 milhões de africanos, na maioria homens, desembarcados nos portos de Salvador, Rio de Janeiro e outros.

Censos populacionais realizados na segunda metade do século XVIII revelam que, em algumas cidades, cativos negros e pardos perfaziam até 40% ou mais do total da população. Eram maioria, não minoria.

Concentravam-se nas áreas agroexportadoras, onde se plantavam cana, tabaco, algodão ou onde medravam a agropecuária e a agricultura de subsistência. Nas zonas fronteiriças eram poucos. De sete a oito entre cada dez domicílios não possuíam escravos nas localidades afastadas. Sua concentração nas zonas urbanas, onde prestavam serviços "a ganho", é sem comparação com outros países americanos.

Na cidade de São Paulo, nos idos de 1810, conforme atestam registros da época, viviam por volta 22.032 pessoas – destas, 2.711 eram escravos e 2.810, escravas.

A queda do preço dos escravos, em fins do século XVIII e início do XIX – devido ao fim do tráfico norte-americano e a movimentos revolucionários, como o do Haiti – permitiu que, de norte a sul, no campo e nas cidades brasileiras, mais e mais pessoas, até mesmo libertos, ascendessem à condição senhorial.

MARY DEL PRIORE

AUMENTA A POPULAÇÃO

Estimativas apontam para o fato de que escravos configuravam de um terço a um quarto da população, com tendência ao crescimento entre o final do século XVIII e início do XIX. Para ficar num exemplo, em Minas Gerais, a população de afrodescendentes saltou de 149 mil, em 1808, para 182 mil, em 1821. Congo e Angola estavam à frente das exportações enviando ao Brasil 80% dos escravos aqui desembarcados.

MÃO DE OBRA ESCRAVA

Apesar de desumana, a escravidão, na época da Independência, tornou-se, por assim dizer, uma instituição "popular". No meio rural ela era tanto a base das *plantations* quanto a solução para os problemas dos pequenos proprietários, cujos filhos iam ocupar áreas da fronteira agrícola, inviabilizando a mão de obra familiar.

Na cidade, a escravidão miúda também garantia a sobrevivência de muitos, havendo aqueles, inclusive ex-cativos, que economizavam durante a vida toda para, na velhice, adquirir um ou dois escravos e viver de seu "ganho" ou aluguel.

Habituados a cultivar cereais, a criar gado, concentravam-se em torno da capital, Mbanza, que possuía cerca de 100 mil habitantes no século XVI. Era lugar de agrupamento de riquezas e residências da elite, cujos muros atapetados com tecidos magníficos enchiam os olhos dos estrangeiros.

Ali também se concentravam os mercados de cativos que alimentavam o tráfico. Além de possuir uma organização produtiva complexa,

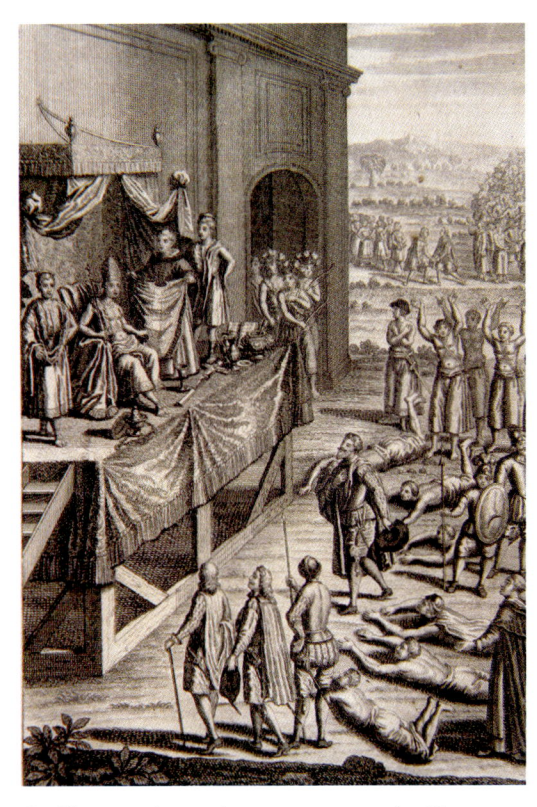

O tráfico negreiro movimentava a economia africana.

uma rede de mercados que facilitava a circulação de inovações técnicas e informações, a sociedade tinha três estratos bem-definidos: nobreza, camponeses e aldeões, e escravos.

TRÁFICO NEGREIRO

O período joanino impulsionou o tráfico transatlântico: houve um aumento de 40% de importações em comparação com os primeiros anos do século. Ora, a partir da década de 1830 o processo de popularização do escravismo começou a ser revertido. A conjunção entre a pressão inglesa e a expansão do café no Vale do Paraíba fluminense levou a um aumento vertiginoso no preço dos escravos.

O fim do tráfico internacional em 1850 intensificou ainda mais essa tendência. Os pequenos proprietários, tanto os do campo quanto os da cidade, não conseguiram mais repor a escravaria. O mesmo ocorreu nas áreas em crise, como no caso do Nordeste açucareiro.

Mais ainda: em razão da subida dos preços dos escravos, a tentação de vendê-los aumentou. O resultado disso foi o surgimento do "tráfico interno", através do qual o sistema escravista se concentrou nas regiões Centro-Sul dominadas pela economia cafeeira ou vinculadas ao abastecimento desses territórios, como foi o caso de Minas Gerais.

O tráfico alimentou o fracionamento político da África atlântica, seja pela criação de colônias europeias, seja por instigar ou gerar rivalidades no interior das unidades políticas existentes.

Cerca de 640 mil cativos foram embarcados, dos quais cerca de 557 mil sobreviveram à travessia. Na contramão de várias metrópoles coloniais como a Inglaterra e os Estados

O tráfico negreiro movimentava a economia africana.

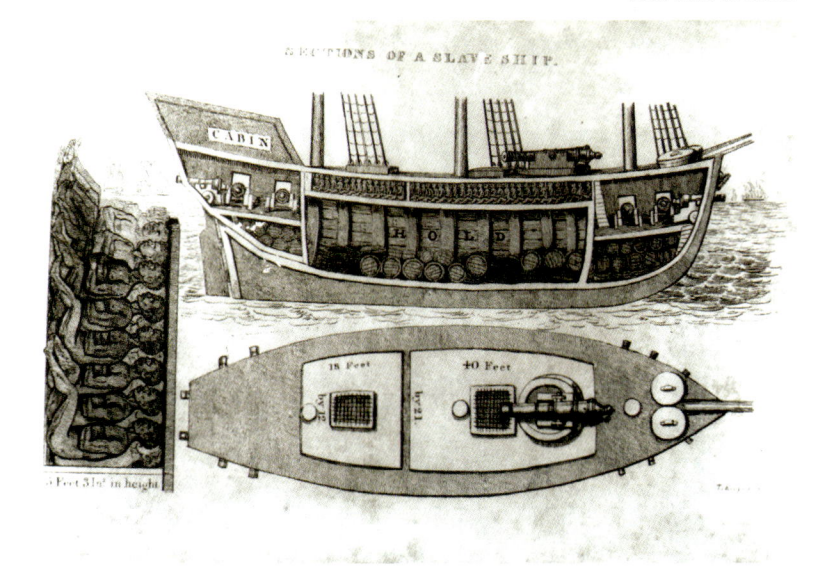

Alguns escravos conviviam e trabalhavam no interior das casas grandes.

Unidos, onde se buscava o fim do tráfico, no Brasil ele aumentou.

Por essa época começaram a surgir vozes condenando a escravidão como uma forma de exercício do poder absoluto. A desaprovação dessa forma de trabalho deixava, então, de ser um fenômeno periférico passando a contar com o apoio de multidões, intelectuais e Igrejas. Nascia na França e Inglaterra o movimento abolicionista que migrou para cá.

Alguns autores atribuem à escravidão o fato de o Brasil não ter se estilhaçado em pequenas repúblicas. Ela daria unidade ao território. De norte a sul e do alto a baixo da pirâmide demográfica, a presença de senhores de escravos garantiu a hegemonia política na condução dos destinos do país e na consolidação de uma ideologia comum à elite.

O declínio do tráfico atlântico, por sua vez, foi acompanhado pela expansão das antigas rotas escravistas, via o deserto do Saara. Especialistas de escravidão no mundo árabe datam o século XIX como o apogeu do tráfico transaariano.

CASAMENTOS NAS SENZALAS

Graças ao trabalho de inúmeros historiadores, sabe-se hoje que, tal como outros grupos formadores da sociedade brasileira, cativos também souberam organizar suas famílias, cuidar das suas proles, honrar seus velhos, zelar por seus lares e linhagens e, como resumiu um deles, "cultivar na senzala uma flor".

Os casamentos e uniões dentro das mesmas etnias acotovelavam-se com os que reuniam africanos de origem diferente. Nem sempre era possível se casar com alguém da mesma procedência, pois os senhores se encarregavam de misturar, em suas propriedades, escravos de origem diversa. Temiam revoltas. Mas, de todo jeito, o casamento proposto pela Igreja católica era conveniente aos cativos, pois evitava a separação dos casais; afinal, o deus dos católicos não aprovava a separação de cônjuges.

O casamento de cativos também convinha aos senhores: os casais tinham menos motivos de queixas, nestas circunstâncias, promovendo, pelo menos na aparência, a paz nas senzalas.

A FORMAÇÃO DO CASAL

Centenas de pesquisas demonstram que o concubinato e as ligações consensuais estáveis e de longa duração se constituíam numa realidade comum entre escravos, assim como entre livres, especialmente, roceiros pobres; o casamento legal, "de papel passado", interessava especialmente às famílias proprietárias, preocupadas com a transmissão do patrimônio, logo dos escravos que dele faziam parte.

Ainda não se sistematizaram estudos para avaliar em que medida a escolha da companheira teria influenciado uma nova composição social, baseada na mestiçagem. Entre nós, os índices de ilegitimidade altíssimos (aproximadamente 90% para os filhos de escravos e 60% para os de forros) mostram que é difícil analisar quem casava com quem, uma vez que as uniões eram vividas, sobretudo nas aéreas urbanas, longe da Igreja.

A escolha dos parceiros era, contudo, presidida por um critério seletivo no que concernia à naturalidade. A comprová-lo, um diálogo que o naturalista francês Auguste de Saint-Hilaire manteve com um escravo. Perguntado se era casado, respondeu: "Não, mas vou me casar dentro de pouco tempo; quando se fica sempre só, o coração não fica satisfeito. Meu senhor me ofereceu primeiro uma crioula; mas não a quero mais. As crioulas desprezam os negros da costa. Vou me casar com outra mulher que a minha senhora acaba de comprar; essa é da minha terra e fala minha língua".

Quando aumentava a importação de africanos, os crioulos – nome que se dava aos nascidos no Brasil – se fechavam entre si. A entrada de novos homens era sentida como uma ameaça.

Apenas um entre cinco casamentos reunia pessoas de etnias diferentes. Esse padrão vigorou no Rio de Janeiro e no Recôncavo baiano. Mas o aumento do tráfico no século XIX acabou por rompê-lo, pois aqui chegavam cada vez mais indivíduos vindos de diferentes origens.

Observaram-se também agudas diferenças de idade entre os cônjuges. Homens velhos se casavam com moças – como, aliás, se fazia no Golfo do Benim – e moços, com mulheres décadas mais velhas. Os mais velhos, prestigiados na tradição africana, dominavam o mercado de mulheres férteis; os cativos jovens, excluídos do acesso a estas, acabavam com mulheres em idade bem superior.

CERIMÔNIA DE CASAMENTO

Os sistemas de nupcialidade não eram idênticos. Há diferenças entre casamentos de livres e de escravos. Os primeiros podiam se casar quando quisessem ou pudessem. Já os escravos das *plantations* estavam sujeitos às atividades de semeadura e colheita.

O calendário agrícola tinha grande influência na realização de rituais religiosos. Roças de alimentos com poucos escravos, por exemplo, demandavam ocupação de toda a família, inclusive de filhos e filhas casadoiros, atrasando ou antecipando casamentos.

A escravaria se casava na capela das fazendas em cerimônias seguidas de comezaina, batuques e uma "função" musical. A cerimônia seria frequente? Um observador, o viajante suíço J. J. von Tschudi, em 1860, responde: "É muito raro haver entre os negros casamentos celebrados na igreja, mas o fazendeiro permite que os pares que se unam, segundo oportunidade ou sorte, vivam juntos, sendo que o pronunciamento do fazendeiro basta para que eles se considerem esposo e esposa, numa união que raras vezes irá perdurar a vida inteira. As pretas em geral possuem filhos de dois ou três homens diferentes".

Precárias eram as moradias dos escravos nas fazendas.

VIRILIDADE E FERTILIDADE

Para além do preconceito manifesto, Tschudi certamente desconhecia as tradições africanas com referência ao que se chamou de "economia da poligamia". Muitas mulheres e muitos filhos eram considerados sinal de riqueza, fecundidade e felicidade. Todos juntos trabalhavam a terra do patriarca da família.

A virilidade era atributo fundamental de honra de um homem. Já a fecundidade das mulheres, louvada em todas as formas de arte: escultura, dança, pintura. A esterilidade feminina era vivida como uma maldição. "Sem filhos, estás nu", dizia um antigo provérbio iorubá. Os homens lutavam pela esposa mais fecunda.

O casamento na África atlântica, por exemplo, podia tomar várias formas. Do rapto da parceira por um indivíduo mais audacioso ao pagamento de dotes como forma de indenização à linhagem familiar da mulher. Tal sistema permitia aos ricos e poderosos aumentar consideravelmente o número de esposas, fazendo da poligamia um privilégio. O grande número de esposas permitia aos maridos respeitar o tabu da abstinência sexual, ligado à amamentação dos pequenos, quando de um nascimento.

É muito provável que tais tradições, profundamente arraigadas, tivessem se transferido para a Colônia, incentivando um tipo de família diversa daquela que tinham os portugueses. A possibilidade de recriar hábitos em terra estrangeira foi uma das características de nossos avós africanos.

De qualquer forma, casamentos que não duravam e filhos de pais variados não eram absolutamente característica dos grupos afrodescendentes, mas da sociedade como um todo.

LINHA DO TEMPO

1452 — Papa Nicolau V autoriza o rei de Portugal a subjugar os "infiéis" e escravizá-los

1470 — Por volta desse ano, portugueses começam a comercializar africanos como escravos

1888 — Até a Abolição da escravidão no Brasil, estima-se que de 2,5 a 3 milhões de negros africanos tenham sido explorados no país

1840-1890

O CAFÉ E SEUS BARÕES

O Brasil descobre uma nova riqueza: o café, produzido principalmente entre Rio de Janeiro e São Paulo. Com ele, nasce uma nova elite.

☞ **ANTÔNIO CLEMENTE PINTO**

O Barão de Nova Friburgo enriqueceu fornecendo escravos para as lavouras de café. Em meados do século XIX, possuía quase duas dezenas de latifúndios em Cantagalo, considerada a região em que se aplicava o pior tratamento aos escravos no país. O Palácio do Catete, conhecido na época como Palácio das Águias, foi construído para ser residência da família do cafeicultor no Rio de Janeiro.

Cafezais chegam à região do Vale do Paraíba, entre Rio de Janeiro e São Paulo, em meados do século XIX.

Nas terras que ligam São Paulo ao Rio de Janeiro e fazem fronteira com Minas Gerais escorre o rio Paraíba, que fluía junto com o dia a dia nas fazendas de café. Quando, em 1822, d. Pedro I, ainda na qualidade de regente português, cruzou o vale a caminho da capital da província de São Paulo, elas já impressionavam. Como a do capitão das Ordenanças de Baependi, Hilário Gomes Nogueira, de velha família mineira, que abriu as portas para receber a comitiva do príncipe em suas terras onde desabrochavam cafezais, trigais e plantações de anil.

Só naquele ano de 1822, na fazenda de São João Marcos, Hilário colheu quinhentas arrobas de café, exportando-as para a Corte. Num outeiro, voltado para o levante e protegido do vento frio do sul, ergueu uma das maiores e mais imponentes sedes da província, com suas senzalas e a grande tulha para armazenar grãos. No entorno, frentes de escravos abriam clareiras, derrubando perobas, canelas e cabiúnas para plantar café. O riacho Pirapitinga e os rios Bananal e Turvo hidratavam a região.

Os primeiros proprietários, como Hilário, não tinham ascendentes privilegiados: saíam da camada dos militares e dos pequenos comerciantes. Vigorava a lei do mais forte na ocupação das terras e a produtividade do café era baseada em métodos agrícolas bem simples.

Enxada e foice eram os instrumentos de trabalho mais usados. Arado? Só depois de 1870. Em média, cada escravo tratava de 4 mil a 7 mil pés. A princípio, os grãos secavam ao sol em terreiros. Pouco a pouco, os terreiros se cobriram de tijolos e pedra e o beneficiamento da rubiácea era feito em monjolos ou pilões socadores. O transporte para o porto se fazia em lombo de mulas que, na volta, carregavam bacalhau, carne seca e toucinho para o interior.

OS BARÕES DO CAFÉ

Com o tempo e o enriquecimento dos cafeicultores, os mantimentos foram substituídos por móveis, louças importadas e peças de luxo.

A riqueza dos fazendeiros com os quais o príncipe cruzaria no Vale do Paraíba não estava apenas ligada à lavoura de café e cana, ao tropeirismo e ao abastecimento de gêneros. Tinha, também, quem negociasse "uma carreira", eufemismo para designar o transporte por terra ou água.

Outros participavam ativamente do negócio mais lucrativo então: o de escravos. Mesmo sendo moradores de "serra acima", eles conheciam os mecanismos deste comércio e muitos deles eram "tratantes de cativos", adquiridos à vista na Corte e vendidos a prazo no vale, com uma margem de 100%. O resultado? Muita riqueza: bens em prata, cavalos de criação, bibliotecas, casas de aluguel. Inventários e testamentos mencionam "dinheiros e ganhos".

No decorrer das décadas de 1820, 1830 e 1840, desbravadores a quem foram concedidas sesmarias abriram centenas de fazendas de café. Sua importância na economia imperial fez com que destacados produtores recebessem títulos nobiliárquicos. Eles eram os "barões do café".

ASCENSÃO E QUEDA

O alto preço do café e as ligações com o porto do Rio de Janeiro começaram a provocar mudanças. Se antes as fazendas eram policultoras, com um dia a dia voltado para produção, armazenamento e distribuição de produtos agrícolas, agora, o café exigia nova agenda de trabalho: a construção de benfeitorias necessárias como moinhos, engenhos de socar e tulhas para armazenamento de grãos beneficiados eram obrigatórios.

Plantava-se não só para a alimentação dos animais como das dezenas de escravos que a cafeicultura exigia. Junto às sedes, multiplicavam-se chiqueiros, suprindo os muitos moradores de toucinho e banha. Nos terreiros galinhas ciscavam. Cresciam as instalações hidráulicas.

Eram também visíveis os ranchos para as tropas encarregadas de transporte, a tenda de ferreiro, a casa de arreios, a cozinha, a enfermaria para cativos. Engenhos de moer cana para fabrico de aguardente e o alambique para o melado também apontavam em algumas fazendas. Em outras havia engenhos de mandioca e olarias para a produção de telhas.

Até 1850, a escalada foi ascendente tanto no volume de grãos produzidos quanto exportados. Cinco anos mais tarde a produção estacionou. Problemas se acumularam. Não havia mais distribuição de concessão de sesmarias, o solo se esgotava, a proibição do tráfico de escravos elevou o preço da mão de obra, pragas se multiplicaram e, entre elas, a pior de todas: os juros sobre as hipotecas junto aos bancos.

Os anos 1870 deram os primeiros sinais da crise que se avizinhava. Dez anos depois começou o declínio. Em 1884, para ficar num exemplo, mais de quinhentas fazendas, apenas no Vale do Paraíba, estavam hipotecadas às casas bancárias. A Abolição foi o golpe fatal. Sem colheita, a safra de 1888 apodreceu nos pés, condenando os produtores de café ao empobrecimento. As senzalas se esvaziaram e os grandes sobrados das fazendas, alguns, ainda presentes na paisagem, adormeceram.

A mão de obra braçal acaba transferida para o café, fonte da maior riqueza no período.

O PODER DOS BARÕES

Famílias poderosas se identificavam pelas patentes militares que requisitavam ou ganhavam exercendo poder político onde estavam instaladas. Se estavam à beira do caminho, suas terras eram alugadas para a invernada do gado que cruzava as estradas. Sem contar que tais proprietários controlavam toda a informação que por ali passasse. Sabiam, em primeira mão, tudo o que acontecia entre Minas, Rio e São Paulo.

Foi nesse cenário que medrou a rubiácea que se expandia na Europa e que se tornou o sustentáculo para o desenvolvimento político e econômico da jovem nação brasileira. Ela migrou do Alto da Tijuca, Cantagalo ou Laranjeiras, bairros na Corte, para os distritos cafeeiros no Norte fluminense, onde a altitude e o regime de chuvas permitiram sua expansão para outras províncias.

LINHA DO TEMPO

1822 — D. Pedro I se hospeda em fazenda no Vale do Paraíba e fica impressionado com o cafezal

1830-1840 — Surgem centenas de fazendas de café. Devido à sua importância econômica, faz com que os produtores passem a receber títulos. Nascem os "barões do café"

1855 — A produção se estaciona

1880 — Começa o declínio desta fase da produção cafeeira

1864-1870
A GUERRA DO PARAGUAI

Sentindo-se agredidos pelo Paraguai, os governos de Argentina, Uruguai e Brasil se unem para combater o país vizinho.

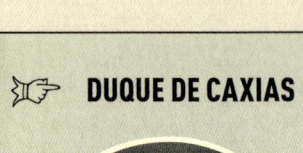

☞ DUQUE DE CAXIAS

Considerado um dos mais importantes militares e estadistas da história do Império do Brasil, ele viveu entre 1803 e 1880. Foi responsável por dominar movimentos revoltosos liberais que pipocavam no Brasil pré-republicano. Na Guerra do Paraguai, foi comandante-geral dos exércitos da Tríplice Aliança.

O Exército Brasileiro foi implacável contra o paraguaio, vencendo a guerra.

Ao final do ano de 1864, o troar dos primeiros canhões nas fronteiras do Prata se fizera ouvir na capital. "Em todo o Brasil não se falava senão em guerra", contou mais tarde o visconde de Taunay, importante cronista do conflito.

O Paraguai invadiu o sul do Mato Grosso, em dezembro do mesmo ano. No início do ano seguinte atacou a província Argentina de Corrientes com o objetivo de atingir o Uruguai.

Os governos dos três países agredidos reuniram-se em Buenos Aires, no dia 1º de maio do mesmo ano, e firmaram o acordo da Tríplice Aliança a fim de conter os ímpetos expansionistas de Solano Lopez. Este, aliás, preparou cuidadosamente seus exércitos que possuíam 60 mil homens equipados e treinados. Os brasileiros somavam 18 mil. Os alunos da Escola Militar do Rio de Janeiro receberam ordens para se reunir aos corpos de batalhões a que pertenciam.

D. Pedro II parecia engajado num programa inflexível: defender a pátria. A instituição se esvaziava e os jovens partiam para o *front*.

Em torno dos rios Uruguai e Paraguai, quatro nações limítrofes, por motivos internos específicos, iriam se enfrentar. A historiografia atual não reconhece mais a tese de que a influência inglesa queria apenas garantir interesses e alianças em área estratégica. Mas, entende, sim, que a guerra acabou por consolidar os estados nacionais.

A Argentina unificou-se e o poder foi centralizado em Buenos Aires. No Brasil, ela ajudou a derrubar a escravidão e a monarquia. Quanto ao Uruguai e Paraguai, se firmariam, apenas, como satélites das potências regionais.

A TROPA BRASILEIRA

Acreditava-se num embate curto, quase cirúrgico, liderado por um "rei guerreiro": o também jovem d. Pedro II, cuja barba começaria, então, a embranquecer. Enormes gastos foram mobilizados para o confronto: 614 mil contos de réis, 11 vezes o orçamento governamental para o ano de 1864. Abria-se um *deficit* que persistiu até 1889.

Entre 1864 e 1867, cerca de 200 mil pessoas se engajaram no embate. Isso era quase 2% da população brasileira e o equivalente à da capital. Quem eram nossos soldados? Praças do Exército de linha, marinheiros, Voluntários da Pátria, membros da Guarda Nacional, civis de variada extração e cativos libertos. Havia também mulheres e crianças. E vivandeiras e "chinas" – prostitutas!

No interior, as tropas contaram com o auxílio da gente sertaneja, conhecedora do teatro de combate. Jagunços resistentes que palmilhavam os sertões distinguiam as corredeiras dos rios e as estrelas do céu.

Os rostos anônimos, os uniformes coloridos, a improvisação, as misérias e glórias da chamada "la grande guerra" foram registrados por fotógrafos e pintores como Luiz Terragno, Cândido

Lopez, Esteban Garcia, o ateliê Brooks and Bates e publicados em periódicos como o *Bazar Volante*, *Vida Fluminense*, *Semana Ilustrada*, entre outros.

Ao lado dos conhecimentos dos naturais da terra, inovações tecnológicas eram introduzidas nos campos de batalha: canhões e fuzis raiados, armas de carregar pela culatra, revólveres, diferentes tipos de balas, torpedos, petardos e as inovadoras comunicações por telégrafo e observação dos inimigos por balões tripulados. O Exército Brasileiro teve de se adaptar à guerra fluvial, valendo-se de encouraçados blindados e chatas capazes de manobrar nos baixios dos rios.

CARNIFICINA, EPIDEMIAS E CENAS DEPLORÁVEIS

Na Batalha do Riachuelo, em junho de 1865, o almirante Barroso destruiu o poderio naval do ditador paraguaio. Em fins do mesmo ano, o governo imperial nomeou o marquês de Caxias para comandar o Exército. E, no final de julho,

UMA GUERRA DESCONHECIDA

Como se vivia a guerra fora do seu teatro? Quem responde é sir Richard Burton, cônsul britânico em Santos entre 1865 e 1868, que resolveu observar, in loco, o desenrolar do evento: *De regresso à pátria, deparei-me com o pasmo dos interlocutores sempre que o nome Paraguai (que eles pronunciam Parágai) era mencionado [...]. São muitos os que na Inglaterra jamais ouviram falar dessa Guerra de Cinco Anos que hoje parece já ser uma instituição. Até mesmo no Rio Paraná conheci um capitão experiente que apenas suspeitava de que algo belicoso estivesse acontecendo entre as "nebulosas repúblicas", porque seu contrato de fretamento aludia a um certo bloqueio [...]*

depois de apertado cerco, Caxias tomou Humaitá. Prosseguiu sua vitoriosa campanha, derrotando o inimigo no combate da ponte de Itororó e na batalha do Avaí, ambas em dezembro.

Em Lomas Valentinas, Caxias atacou o grosso das tropas do inimigo, embora López tenha escapado com um reduzido número de cavaleiros. Na mesma época deu-se o episódio descrito em livro por Taunay, *A Retirada da Laguna*, em que uma pequena coluna brasileira foi forçada a abandonar o território paraguaio depois de trágicos sofrimentos.

A carnificina foi grande. Cenas deploráveis eram vistas em toda parte. Liquidavam-se os moribundos e mulheres pilhavam cadáveres. Não se contaram os corpos: amarrados às selas, feridos ou mortos, eram rebocados por seus cavalos. Morte e fome espicaçavam.

Os paraguaios não davam trégua. As tropas brasileiras afundavam nos pântanos profundos, pois não conheciam os caminhos. Em toda parte encontravam água salobra. O gado magro que os seguia, faminto e sedento, não avançava.

Os paraguaios ateavam fogo à macega, asfixiando os resistentes. Manobras provocativas atrasavam o avanço das colunas. Depois dos incêndios e do calor do dia, os soldados eram castigados por chuvas torrenciais. O inimigo acampava por perto, fazendo pressão. Epidemias multiplicavam-se.

Em meados de 1868 o conflito estava num impasse. Os aliados, já contando com mais de dois terços de tropas brasileiras em suas fileiras, ainda não haviam derrotado os paraguaios.

FIM DOS CONFLITOS

Após destruir o Exército Paraguaio em Lomas Valentinas, Caxias acreditava que a guerra tinha acabado. Não se preocupou em organizar e chefiar a perseguição a López, pois parecia que o ditador fugia para se asilar em outro país e não, como se viu depois, para improvisar um exército e continuar a resistir no interior.

Depois de receber uma intimação dos comandantes da Tríplice Aliança, López fugiu na direção norte da cordilheira. Caxias dirigiu-se para Assunção, onde entrou a 5 de julho de 1869, à frente de tropas imperiais. Porém, 13 dias depois, deixou o comando e regressou ao Brasil, alegando motivos de saúde. Sua partida fez crescer o desânimo entre as tropas com a multiplicação dos pedidos de dispensa dos oficiais e voluntários.

Na última fase da guerra, assumiu o comando o conde d'Eu, marido da princesa Isabel. Foi a chamada Campanha da Cordilheira. Com López escondido, Gastão de Orléans partiu em seu encalço. Duas batalhas sedimentaram o caminho da vitória: Peribebui e Campo Grande. O último confronto se deu em Cerro Corá a 1º de março de 1870. Acuado em região desabitada, López preferiu resistir a render-se. Sua morte pôs um fim à guerra.

LINHA DO TEMPO

1864 — Argentina, Brasil e Uruguai, juntos, começam a guerrear contra o Paraguai

1867 — Nos três primeiros anos da guerra, cerca de 200 mil pessoas se engajam nos combates – ou seja, 2% da população brasileira

1870 — Confronto em Cerro Corá põe fim à guerra. Paraguai sai derrotado

O imperador visita (e acampa) no Rio Grande do Sul: preocupação com a manutenção da unidade territorial.

SEGUNDO REINADO

1871-1888
A EMANCIPAÇÃO E SUAS LEIS

Ainda que tardiamente, se comparado a outros países americanos, o Brasil punha fim à escravidão depois de quase quatrocentos anos de exploração do trabalho negro.

☞ **JOSÉ BONIFÁCIO**

O "Patriarca da Independência" nasceu em Santos, em 1763. Naturalista, estadista e poeta, foi muito influente no reinado de d. Pedro I e assumiu o papel de tutor dos filhos do imperador. Bonifácio morreu em Niterói, em 1838.

O grande debate social do período: os prós e os contras da abolição da escravidão.

O que levou à libertação dos escravos em 1888? A Lei Áurea teria sido obra de cativos revoltados, resultado do radicalismo abolicionista ou, ao contrário, decorreu de uma política reformista implementada pelos dirigentes do Império?

Existe, hoje, uma visão matizada a respeito do tema. Ela leva em conta tanto a rebeldia dos escravos como a ação reformista da elite. Vale lembrar a existência de três grupos que, na época, debateram a questão: os emancipacionistas, partidários da extinção lenta e gradual da escravidão; os abolicionistas, que propunham a libertação imediata dos "escravizados"; e, por fim, os escravistas, defensores da indenização dos proprietários caso a abolição fosse sancionada. Os conflitos entre essas três correntes definiram o ritmo da extinção da escravatura.

EMANCIPACIONISTAS E EXTINÇÃO GRADUAL

A primeira delas tinha uma longa tradição. A experiência metropolitana era um exemplo bem-sucedido de política emancipacionista.

Em Portugal os escravos constituíam pequena parcela da população, nunca chegando a ser a principal força de trabalho da economia. Mesmo assim, a escravidão portuguesa não foi abolida de uma só vez, mas sim por intermédio de leis que gradualmente a extinguiram.

A primeira delas, sancionada em 1761, declarou livres todos os negros e mulatos oriundos da América, África e Ásia que desembarcassem em portos do reino.

Em 1773 outra lei decretou a "liberdade do ventre", ou seja, a liberdade das crianças escravas. Quando foi sancionada a primeira lei emancipacionista, existiam em Portugal milhares de cativos domésticos; cinquenta anos mais tarde não havia quase nenhum. A legislação impediu a reposição dos escravos.

A experiência portuguesa não passou despercebida entre as elites brasileiras. Inspirado nela, José Bonifácio, em 1823, propôs o fim gradual da escravidão. As ideias do "Patriarca da Independência" tiveram reflexos em 1850, nos debates que levaram ao final do tráfico internacional de

> **D. PEDRO II**
>
> Entre os seus partidários estava nada menos do que o próprio imperador, d. Pedro II, que, na Fala do Trono de 1867, libertou os cativos que pertenciam ao Estado e defendeu a emancipação progressiva dos demais escravos brasileiros.
>
> A ideia que os unia era a de que o sistema escravista inviabilizava a constituição de uma nação civilizada. Mas, por outro lado, que a abolição não podia ser pretexto para desorganização da agricultura, base econômica de sustentação do Império. Daí o gradualismo dos membros desse grupo, que previa a extinção lenta e pacífica do sistema escravista até, no máximo, os últimos dias do século XIX, quando os escravos representariam menos de 1% da população brasileira.

escravos e na Lei do Ventre Livre, sancionada em 1871.

Os emancipacionistas tinham, portanto, uma posição moderada. Eles podiam ser identificados nas fileiras dos conservadores, embora fossem mais numerosos entre os liberais.

OS CLUBES ABOLICIONISTAS E SEUS LÍDERES

O abolicionismo tornou-se possível justamente nos anos 1870, sendo particularmente mais ativo e organizado nas cidades que estavam deixando de ser escravistas.

Os abolicionistas também inovaram na forma de organização. Em vez de reuniões secretas, como ocorria na maçonaria, eles formavam "clubes" abertos a quem quisesse participar, lançavam jornais, assim como organizavam palestras em teatros e comícios nas ruas. Representavam uma nova forma de fazer política, um formato que fugia às rédeas dos poderosos senhores rurais.

Surgiram, então, modernas lideranças negras, como André Rebouças e José do Patrocínio, cuja atuação teve repercussão nacional. Não por acaso, os abolicionistas também foram os primeiros a defender a distribuição de terras entre os ex-escravos e a criação de escola pública para os filhos dos futuros libertos.

O surgimento desse movimento representou outra mudança importante: pela primeira vez, o escravismo não opunha somente negros escravos a negros livres, mas também encontrava divisões no interior da própria população livre. Sim, pois se no período colonial a rebeldia escrava ocorria na forma de fugas e insurreições, após o surgimento do movimento abolicionista observam-se novas alternativas legais de luta, baseadas em alianças entre cativos e homens livres.

Advogados abolicionistas passam a recorrer a leis para proteger a vida de escravos e a integridade de suas famílias ou para punir senhores cruéis. Ao mesmo tempo, redes de apoio junto às camadas populares, como a dos caifazes paulistas, surgem para acudir cativos fujões, garantir seu transporte e boa acolhida nas cidades. Os escravos, como seria de se esperar, tiveram participação ativa no movimento abolicionista.

As transformações ocorridas no período contribuíram para isso. Nas décadas que antecederam 1888, o tráfico interno desenraizou milhares de cativos que há várias gerações moravam na mesma região, em áreas rurais decadentes, onde o ritmo de trabalho era relaxado, ou no meio urbano, onde a possibilidade de autonomia de movimentação ou mesmo de libertação eram frequentes.

A ida desses escravos para as *plantations* era uma experiência traumática. Não foram poucos os que preferiram o suicídio ao trabalho exaustivo nas fazendas cafeeiras. Outros, em maior número, fugiam; como se tratava de escravos nascidos no Brasil, eles falavam português, o que facilitava contatos com os aliados abolicionistas e, para desgosto dos proprietários, dificultava distingui-los dos demais homens livres negros.

Patrocínio: jornalista, farmacêutico e escritor, foi um dos ativistas mais defensores da libertação dos escravos.

Igreja e família real: Missa de Ação de Graças pelo fim da escravidão.

DO OUTRO LADO

Já os grupos escravistas predominavam entre os membros da elite agrária. Em 1885, Rui Barbosa definiu-os como "uma espécie de travessões opostos a todo movimento. Não admitem progresso, a não ser para trás [...] o que não for a imobilidade é a ruína da pátria".

Vale lembrar que ser proprietário de escravos não era um sintoma de sadismo ou de inclinação à crueldade; o sistema era defendido por motivos bem mais objetivos, como a questão da falta de controle sobre a mão de obra livre.

O problema, de fato, era sério. Nas reuniões e congressos promovidos pelos Clubes da Lavoura – uma espécie de antítese das associações abolicionistas –, os fazendeiros alegavam que os trabalhadores livres eram inconstantes, mudavam-se frequentemente ou simplesmente abandonavam suas ocupações e desapareciam.

Tais queixas não eram descabidas. Na época da abolição, a maior parte do território brasileiro ainda não havia sido ocupada. Para os homens livres era atraente trabalhar por algum tempo nas fazendas, reunir recursos mínimos e depois ir para áreas não ocupadas.

Dependendo da região, entretanto, a tendência escravista podia ser menos intensa. No Nordeste, por exemplo, devido ao fato de as terras férteis estarem quase todas sob o domínio dos latifúndios, havia poucas opções para os homens livres e pobres se transformarem em camponeses. Além disso, as secas prolongadas nas regiões semiáridas levavam muitas famílias sertanejas a procurar trabalho nas fazendas ou, ao menos, a se sujeitarem ao serviço temporário nelas.

Nessas áreas foi possível uma precoce transição para o trabalho livre. Não por acaso, a província de Ceará decretou a abolição em 1884 e Joaquim Nabuco, principal líder abolicionista brasileiro, pertencia à elite açucareira pernambucana.

A corrente emancipacionista, através da Lei de Terra, de 1850, tentou converter esses grupos, determinando que "as terras devolutas só poderiam ser adquiridas por meio da compra", o que obrigaria os homens livres a trabalhar até dispor de recursos para se estabelecer como pequenos proprietários. Porém a vastidão do território e os elevados custos de demarcação, aliados à precariedade da burocracia imperial, fizeram com que essa medida nunca fosse efetivada.

Embora promulgada, a Lei de Terra não impediu que os homens livres continuassem a fugir do trabalho nas fazendas para se tornarem posseiros, roceiros, caiçaras, ou seja, pequenos camponeses nas terras não ocupadas pela lavoura de exportação. A situação era tal que muitos emancipacionistas voltavam a ser escravistas.

TERRA DE NINGUÉM

No Centro-Sul a situação era bem diferente. Nessa região havia abundância de terra fértil não ocupada, terra "de ninguém", disponível para quem quisesse se tornar um roceiro ou sitiante. Por isso mesmo, boa parte dos fazendeiros de São Paulo, Rio de Janeiro e Minas Gerais permaneceu fiel ao escravismo, alegando instabilidade e número insuficiente de trabalhadores livres nacionais.

A MÃO DE OBRA EUROPEIA

A corrente emancipacionista lutou para que as experiências com trabalhadores europeus fossem reativadas, defendendo, por esse motivo, a "imigração subsidiada". Em 1884 tal medida foi finalmente colocada em prática. O governo, principalmente o da província de São Paulo, passou a pagar a passagem de imigrantes europeus.

Isso permitiu que as regiões brasileiras mais prósperas, no caso o Centro-Sul cafeeiro, fossem inundadas de italianos, portugueses e espanhóis que fugiam da pobreza em uma Europa em fase de intenso crescimento populacional.

Paralelamente ao incentivo à imigração, os emancipacionistas também procuraram criar meios para promover a permanência dos ex-escravos nas fazendas. Algumas cláusulas da Lei do Ventre Livre e da Lei dos Sexagenários atestam isso.

A primeira libertava os filhos de escravas nascidos após 1871. No entanto, um de seus artigos indicava que os proprietários podiam dispor dos serviços do menor até a idade de 21 anos completos.

Em 1885, a Lei dos Sexagenários reproduziu fórmula semelhante, determinando: "São libertos os escravos de sessenta anos de idade... ficando, porém, obrigados, a título de indenização pela sua alforria, a prestar serviços a seus ex-senhores pelo espaço de três anos".

SEM INDENIZAÇÃO, A LIBERTAÇÃO

No início dos anos 1880, a estratégia parecia estar dando certo. A questão agora era a de esperar até que o número de escravos existentes na sociedade caísse a ponto de ser possível a libertação deles com as respectivas indenizações aos seus proprietários.

Para muitos partidários dessa tendência, 1899 era esse ano. No entanto, o radicalismo da ação abolicionista – não só por meio das fugas e de manifestações públicas, mas também graças a uma vasta literatura sensível à causa que teve entre seus adeptos escritores do nível de Castro Alves e Bernardo Guimarães – criou condições para o 13 de Maio de 1888.

O impacto da abolição foi devastador na relação entre o governo imperial e uma legião de proprietários rurais, pois, na época em que foi sancionada, a indenização era impossível: os 700 mil escravos existentes (sendo quase 500 mil deles localizados em São Paulo, Rio de Janeiro e Minas Gerais) valiam, no mínimo, 210 milhões de contos de réis, enquanto o orçamento geral do Império era de 165 milhões de contos de réis.

A Lei Áurea rompeu, dessa forma, com o gradualismo dos emancipacionistas, sendo resultado das lutas de escravos e de homens livres engajados no movimento abolicionista. Para os escravistas, a abolição representou uma traição, um confisco da propriedade privada. A reação desse grupo não tardou a acontecer. Um ano após o 13 de Maio, à oposição dos militares somou-se a de numerosos ex-senhores de escravos. A monarquia estava com seus dias contados.

Castro Alves: escritor ganhou a alcunha de "poeta dos escravos".

Leis que, gradualmente, libertariam os escravos enfrentaram resistência para serem aprovadas.

LINHA DO TEMPO

1850 – Lei Eusébio de Queiroz proíbe o comércio de escravos para o Brasil

1871 – Aprovada Lei do Ventre Livre: todos os filhos de escravos nascidos a partir daquela data são livres, mas ficam sob a tutela dos senhores até atingirem 21 anos

1885 – Leis dos Sexagenários concede liberdade aos escravos maiores de sessenta anos

1888 – É assinada a Lei Áurea, que extingue a escravidão no Brasil

1889 — O GOLPE REPUBLICANO

Desentendimentos entre Exército e governo imperial, boatos, movimentação pelas ruas do Rio: eis os ingredientes para a Proclamação da República, um verdadeiro golpe político sem derramamento de sangue.

☞ QUINTINO BOCAIÚVA

Jornalista e político, tornou-se conhecido pela atuação no processo que culminaria com a Proclamação da República – seria nomeado o primeiro ministro das relações Exteriores da República. Entre 1900 e 1903, presidiu o estado do Rio de Janeiro. Morreu em 1912, aos 75 anos.

Enfim, em 1889, o Brasil se torna uma República. Dias depois, a bandeira atual seria concebida.

Em novembro de 1889 as relações entre o Exército e o governo imperial estavam deterioradas. Falava-se muito a respeito da progressiva substituição dos batalhões da Corte pela Guarda Nacional e até mesmo que escravos fiéis à princesa Isabel atacariam quartéis onde houvesse militares simpáticos à causa republicana.

No dia 14, novo boato: circula a notícia da detenção, por insubordinação, de Deodoro da Fonseca e Benjamin Constant, então principais lideranças do Exército. Na manhã seguinte, os acontecimentos se precipitaram.

Deodoro, apesar de estar se recuperando de uma doença, toma a iniciativa, decretando a prisão do visconde do Ouro Preto, chefe do gabinete e presidente do Conselho de Estado; a agitação do Exército toma conta das ruas e é proclamado o fim da monarquia; dois dias mais tarde a família real embarca para a Europa, rumo ao exílio. O povo assiste a tudo "bestializado", segundo o jornalista Tobias Barreto.

GRUPOS POLÍTICOS

Embora o 15 de novembro tenha dado origem a alguns grupos radicais, denominados jacobinos, eles constituíam uma pequena minoria e praticamente se restringiram à cidade do Rio de Janeiro.

Em contrapartida, republicanos famosos, como Quintino Bocaiúva e Saldanha Marinho, notabilizaram-se pela política conciliatória, defendendo sempre a ideia de que a nova forma de governo viria por meio de reformas constitucionais e não pela força das armas, posição, aliás, acatada pelo Manifesto Republicano de 1870.

Tal texto emitia críticas brandas à monarquia. Havia, inclusive, passagens que reproduziam argumentos há muito compartilhados até mesmo por membros do Partido Conservador.

Por esse motivo, costuma-se afirmar que a proclamação da República pegou quase todos de surpresa. No entanto, as condições para a implantação do novo governo eram propícias. Tanto é verdade que, após o golpe, a defesa do "antigo regime" foi pequena: ocorreu apenas um pequeno levante em São Luís, Maranhão.

A maior parte dos monarquistas se restringiu a escrever artigos e livros detratando o governo militar. Um partido defendendo a causa só foi criado seis anos após o golpe. E uma tentativa de trazer a família imperial de volta – uma restauração –, na figura de um dos filhos das princesas Isabel ou Leopoldina, teve fraquíssima repercussão. Só ocorreu em 1902, tendo como palco Ribeirãozinho, pacata cidade do interior paulista.

Os militares tinham razões para estar descontentes: a política de enfraquecimento e de desmobilização das Forças Armadas significou para eles que de nada havia valido o sangue derramado na Guerra do Paraguai.

A fragilidade do regime alimentava-se ainda em outras fontes. A Lei do Ventre Livre descontentou a massa dos fazendeiros escravistas. A abolição sem indenização ampliou esse descontentamento, abalando para sempre a confiança que a elite depositava no Império.

Entre as elites regionais – principalmente aquelas do Centro-Sul, endinheiradas pelo café –, as queixas também se estendiam ao papel desempenhado pelo Poder Moderador, aos elevados impostos e à representação política desproporcional das províncias.

A distribuição desigual de recursos fiscais era outra consequência desse desequilíbrio político. A monarquia, dessa forma, foi se distanciando dos segmentos mais importantes das elites regionais, que passaram a defender cada vez mais a descentralização e o federalismo.

O FIM ANUNCIADO DA MONARQUIA

Devido ao afastamento das elites civis, militares e eclesiásticas, o fim da monarquia nos anos 1880, se não era almejado, era pelo menos previsto.

MODERADO E CONSERVADOR

Se a quartelada de 15 de novembro foi uma surpresa, o movimento republicano, contudo, não era uma novidade. Durante o período colonial, várias revoltas levantaram essa bandeira. Nas regências, outro surto republicano varreu as províncias e só a muito custo acabou sendo debelado.

Em fins do Império, o dado realmente novo não foi o republicanismo, mas sim o fato de esse movimento envolver agora a nata da elite econômica – os fazendeiros de café paulistas – e também o de ser politicamente moderado e socialmente conservador.

Paradoxalmente, esse tipo de regime, tido como elitista, tornou-se cada vez mais afastado das classes dominantes brasileiras, tendo como seus principais defensores os segmentos da camada popular. A abolição era a razão dessa repentina popularidade. Entre raros republicanos de origem humilde e negros, como no caso do jornalista José do Patrocínio, a medida chegou mesmo a levar a uma reconversão política.

Na mesma época, entre muitas das novas ideias que chegaram ao Brasil predominavam agora aquelas afinadas ao pensamento científico ou, pelo menos, com o que então se acreditava ser a ciência. O positivismo foi uma dessas correntes.

Seus partidários previam o advento da era positiva, em que a sociedade – a começar pela política – funcionaria e seria regulada e controlada de maneira científica.

O problema, porém, era que Auguste Comte, filósofo francês idealizador do positivismo, não via com bons olhos a democracia, o individualismo e o liberalismo, encarando-os como invenções metafísicas.

Segundo esse autor, a sociedade moderna deveria ser gerida de maneira autoritária, por um conjunto de sábios voltados ao bem comum, daí inclusive o conhecido trecho de uma máxima positivista: a ordem por base e o progresso por fim.

Não por acaso, esse tipo de filosofia antidemocrática – resultado de extravagante mescla de admiração pelos avanços científicos do século XIX com fórmulas políticas inspiradas no absolutismo do Antigo Regime – conquistou adeptos entre militares brasileiros.

O MARECHAL DE FERRO E A DITADURA POLÍTICA

Assim, enquanto as formulações políticas de Deodoro da Fonseca restringiam-se aos ataques moralistas aos bacharéis, que humilhavam ou ameaçavam a sobrevivência do Exército, um grupo de militares positivistas – minoritário e vinculado a Benjamim Constant – introduziu no debate político brasileiro a ideia da ditadura republicana.

Tal perspectiva política fez sucesso, sendo também partilhada por aqueles que não seguiam os ensinamentos comtianos. Em 1891, cerca de um ano após sua eleição como primeiro presidente constitucional, o marechal Deodoro deu mostra disso, desrespeitando a Constituição e fechando o Congresso.

Uma conspiração militar o forçou então a renunciar. Porém o vice-presidente Floriano Peixoto assumiu o poder acentuando ainda mais as tendências ditatoriais do regime. Além de não convocar novas eleições presidenciais conforme previa a Constituição, o Marechal de Ferro contrariou os interesses de diversos segmentos oligárquicos, nomeando interventores militares para os governos estaduais.

Deodoro e seu Estado-Maior: líder dos oficiais republicanos, ele se torna o primeiro presidente do Brasil.

LINHA DO TEMPO

1870 — É publicado o Manifesto Republicano

1873 — Representantes de várias cidades paulistas se reúnem em Itu, no episódio que ficou conhecido como Convenção Republicana

1888 — É abolida a escravidão

1889 — Proclamada a República

1890-1930

REPÚBLICA VELHA

1890-1910

A BELLE ÉPOQUE

O Brasil vivia o primeiro boom de urbanização, com linhas férreas, imigrantes europeus e o desejo de consumir novidades tecnológicas importadas.

☞ **BARÃO DO RIO BRANCO**

O patrono da diplomacia brasileira viveu entre 1845 e 1912. Como diplomata, atuou na Inglaterra e na Alemanha, até ser nomeado ministro das Relações Exteriores – cargo que ocuparia de 1902 até sua morte, em 1912, aos 66 anos; trabalhando, portanto, com quatro presidentes da República diferentes. Também foi historiador, geógrafo e advogado.

Na esquina das ruas do Ouvidor e Gonçalves Dias, o Café do Rio, inaugurado em 1891, tornou-se ponto de encontro da sociedade carioca.

A partir de meados do século XIX o Império sofreu uma lenta, mas progressiva fase de urbanização. Vilarejos caipiras ganharam novas fachadas. Linhas férreas penetravam o interior, levando engenheiros ingleses e suas manias: o W.C., o "football" traduzido para "ludopédio" e o chá das cinco.

A abolição do tráfico injetou na economia os capitais antes investidos na escravidão. O desejo de governantes era instalar, Brasil afora, "Pequenas Paris"!

Tinha início a "modernização conservadora", ou seja, o desejo de usufruir de novidades tecnológicas – a eletricidade, o fonógrafo, o telégrafo, o telefone – somado à manipulação do poder e ao controle do desenvolvimento urbano por parte das elites cafeeiras – o pequeno grupo que detinha a riqueza da nação.

SABOR EUROPEU

Entre os finais do século XIX e o início do XX, o Brasil tentou se adaptar a tudo o que era vivenciado na França como sinônimo de "moderno". A materialidade dessas experiências ganhou um nome: Belle Époque. A expressão confirmava uma visão otimista do presente e do futuro.

Certa civilização no viver e no morar chegou por meio do consumo de luxo e da importação de hábitos. Os móveis de pouco valor deram lugar ao mobiliário vindo da Inglaterra e da França.

No *Almanaque Laemmert* anunciavam-se mercadorias fetiche como biscoitos Huntley Palmer, sardinhas Phillipe Canaud; os charutos de Havana e Hamburgo; licores importados, inclusive o Benedictine vindo direto da Abadia de Fécamp; papel pintado para decoração de paredes e tetos; de Paris, moda feminina e masculina.

Nas mesmas páginas multiplicavam-se os últimos lançamentos literários: *Capitão Paulo*, de Alexandre Dumas, *Marie Tudor* e *Le Roi s'amuse*, de Victor Hugo. Entre os nacionais, José de Alencar e Artur de Azevedo tinham a preferência.

NO COTIDIANO

Outros símbolos de modernidade eram menos ostensivos, mas, nem por isso, menos eficientes: no campo, viam-se arados americanos. As casas ganharam "caixas d'água com encanamento de chumbo e torneira". E as salas de banho, "retretes", algumas em opalina filetada a ouro.

Nos anos 1920 ampliou-se a distribuição de água encanada e o uso do fogão a gás. Domésticas não eram mais obrigadas a rachar lenha para atiçar o fogão ou carregar água do poço para limpeza da louça. A obsessão pela higiene e pela "rentabilidade" as obrigava a lavar não só mais roupa, mas a casa inteira. O "asseio" era o instrumento na luta contra as epidemias que varriam as grandes cidades.

Com a chegada da eletricidade, alguns equipamentos eletrônicos foram introduzidos no cotidiano. Eram importados, mas estavam ao alcance do comprador nas grandes lojas: torradeiras, ferros de passar, ventiladores, máquina de lavar, aspirador de pó, entre outros de "utilidade indiscutível" – dizia um anúncio de jornal.

Os penosos movimentos das mãos eram gradativamente substituídos por motores. Aumentava a velocidade na execução das tarefas diárias.

VIDA EM SOCIEDADE

Multiplicavam-se os cafés literários ou o "cafedório", como eram chamados na Belle Époque. Na capital, o Café do Rio, no cruzamento da rua do Ouvidor com a rua Gonçalves Dias; o Java, no largo de São Francisco; o Paris; o Globo.

No café Jeremias ou na Americana reuniam-se os "rapazes instruídos", entre os quais Lima Barreto. Já no Papagaio os frequentadores, entre os quais Bastos Tigre, só consumiam café. Não tinham dinheiro para a "virgem loura" – a cerveja – e muito menos para o uísque, bebida que começava a se incorporar aos hábitos urbanos e mundanos.

Outro ponto de predileção das celebridades literárias e de seus leitores eram as confeitarias: a Colombo e a Pascoal. Ambas as confeitarias abasteciam os banquetes oferecidos pelo Barão do Rio Branco – um *gourmand et gourmet* – cujos menus eram invariavelmente franceses: *boeuf bourguignon*, *foie gras*, *cassoulet*, *bouillabaisse*. No item originalidade a Pascoal era imbatível: produzia pratos ornamentados com flores e frutas tropicais.

Na esteira de crescentes hábitos de sociabilidade masculina, alimentados por modismos franceses, o Rio passa a ganhar mais botequins, alguns descritos por João do Rio como "bodegas reles, lugares bizarros".

Além dos cafés – quem nos conta é Brito Broca –, as livrarias eram outro espaço de sociabilidade masculina. A mais importante, a Garnier, fora apelidada de "A sublime Porta", em alusão a Istambul, na Turquia, via de entrada para a Ásia de múltiplas riquezas. Adentrá-la causava *frisson*! Amontoados, erguiam-se os volumes que *venaient de paraître*.

LUXÚRIA À FRANCESA

No final do século XIX o número de mulheres públicas aumentou. Cortesãs esperavam clientes sentadas no sofá de veludo vermelho da "Maison close" ou do "Rendez-Vous", ou eram mantidas por ricos políticos e fazendeiros.

As francesas começam a chegar com a inauguração do Alcazar Francês, em 1862. Elas traziam na bagagem a palavra "trottoir". Na época, estando em jogo a identificação com o mundo europeu, dormir com uma francesa era dormir com a própria França e ainda se sentir o mais legítimo dos franceses.

Conhecidas como "demi-mondaines", muitas delas estrangeiras, tinham arribado no Império brasileiro depois de fracassadas carreiras na Europa. As cidades portuárias mais importantes tornaram-se abrigo para cáftens internacionais, fundadores de bordéis e cabarés.

No bordel, o burguês conhecia a feminilidade bestial e pecaminosa. O polo imaculado do lar se contrapunha à sujeira e ao risco da sífilis, contraída no lupanar e nas ruas.

Eram tempos extremamente machistas: depois das 17:00 horas, "mulher honesta" não podia sair às ruas.

DIFUSÃO DE IDEIAS

Os cafés falam de uma sociabilidade eminentemente masculina – as confeitarias eram espaços femininos até as 17:00 horas; depois, "mulher honesta" não se achava nas ruas. Era nos cafés, em meio à fuligem dos charutos do *fumoir*, que se debatiam a política, a vida cultural, as ideias.

Lá, diversões como o bilhar e as cartas assim como os livros eram não só autorizados, mas representavam um capital simbólico, modelando a construção do individualismo tão cara ao mundo burguês e ao nosso universo ainda patriarcal.

Hábitos de origem francesa típicos da Belle Époque – cafés, cerveja, trens, higiene, "haussmanização" na forma de intervenções racionais nas cidades, *cocottes* e bibliofilia – entraram definitivamente em nossa história, mas adquirindo, nas fricções e tensões entre culturas diferentes, um gosto tropical. Gosto de violência e barbárie que se misturava ao de modernismo e civilização.

LINHA DO TEMPO

1883 – Luz elétrica é exibida pela primeira vez em São Paulo

1891 – Santos Dumont traz, da França, o primeiro carro a circular no país – um Peugeot de 3,5 cavalos

1895 – Charles Miller introduz o futebol no Brasil

1909 – Rio ganha seu Teatro Municipal – dois anos mais tarde, seria a vez de São Paulo

1890 — O RACISMO CIENTÍFICO

Hoje visto como bizarrices, muitas teorias "científicas" justificavam diferenças entre as raças humanas. Surge, então, a antropologia para estudar o problema.

RUI BARBOSA

Um dos intelectuais mais destacados de seu tempo, ganhou o apelido de O Águia de Haia, pela sua atuação em defesa do princípio da igualdade dos estados na II Conferência da Paz, em Haia, em 1907. Foi jurista, político, diplomata, escritor, filólogo, tradutor e orador. Viveu entre 1849 e 1923.

Teorias racistas justificavam, na mentalidade dominante da época, a escravidão negreira.

O início da República conviveu com crises econômicas, marcadas por inflação, desemprego e superprodução de café. Tal situação, aliada à concentração de terras e à ausência de um sistema escolar abrangente, fez com que a maioria dos escravos recém-libertos passasse a viver em estado de quase completo abandono. Além dos sofrimentos da pobreza, tiveram de enfrentar uma série de preconceitos. Leis e instituições os estigmatizavam como subcidadãos, elementos sem direito a voz na sociedade brasileira.

Na mesma época na Europa e marcada por visões racistas, a ciência passou a ser vista como critério definidor das sociedades civilizadas. Nelas, os brancos ocupavam o primeiro lugar do desenvolvimento humano, e os negros, o último.

MISCIGENAÇÃO: DE DESVIO À VIRTUDE

No Brasil, o debate chegou tarde. E apenas em fins do século XIX é que intelectuais brasileiros se interessaram pelo tema. Na literatura, nas sociedades científicas, em periódicos ou conferências, a sociedade meditava a questão. E pensavam também: "Como se representar?".

As ideias de intelectuais como Darwin recebiam elogios dos jornais, mas serviam para criticar uma sociedade nascida da miscigenação. Miscigenação que era vista como sinônimo de degeneração social e racial. Pior: da produção de indivíduos híbridos, deficientes em energia física e mental.

O dilema de nossos intelectuais era: como adaptar os modelos evolucionistas à presença da miscigenação? Afinal, muitos mestiços tinham ascendido ao topo da pirâmide social.

Otimistas, eles decidiram que a miscigenação com os imigrantes europeus produzia uma população mais clara, mais branca: era "o branqueamento". Eles selecionaram as teses que adaptaram. Absorveram, então, a noção de que "raça" era uma realidade essencial, mas negavam a crença de que mestiçagem era sinônimo de degenerescência. Ao contrário, apostavam nela, contanto que "branqueasse" a população. Os europeus serviriam para "purificar" a mistura de "raças".

Os avanços morais e intelectuais resultariam do esmaecimento dos sangues africano e indígena. Num momento em que os últimos escravos estavam sendo libertados, tais teses não estabeleceram fronteiras raciais nítidas.

O passado escravocrata também foi maquilado. Esconderam-se suas tensões e violências. Rui Barbosa, em 14 de dezembro de 1890, mandou queimar os documentos sobre escravidão existentes nos arquivos nacionais. Para nossa sorte, sem muita eficácia...

Mas a ideia de que a miscigenação era uma forma eficiente de convívio não evitou, contudo, a hierarquização das raças. Asiáticos, e especialmente os chineses, chamados "chins", também eram vistos como o fim da linha civilizatória, equiparando-se aos africanos.

A ideia de substituir os segundos pelos primeiros, proposta pelo Visconde de Mauá, por exemplo, foi violentamente recusada, sob a alegação de que eles teriam os piores vícios, além de serem "preguiçosos e desobedientes". Só os brancos seriam inteligentes e física e moralmente sadios. Os outros, indivíduos ligados ao atraso e à barbárie.

Nesse contexto, a importação das ideias racistas tinha objetivos claros: após o 13 de Maio deixava de existir a instituição que definia quem era pobre e rico, preto e branco, na sociedade brasileira. O racismo emergia assim como uma forma de controle, uma maneira de definir os papéis sociais e de reenquadrar, após a abolição da escravidão, os segmentos da população não identificados à tradição europeia.

O ESTUDO DAS RAÇAS

Foi no século XIX, com o Conde de Gobineau, autor de um ensaio sobre a desigualdade das raças humanas, que a noção de raça, associada às características físicas e a um passado comum, ganhou força.

Conde de Gobineau andou pelo Brasil a convite de d. Pedro II e, na mesma época, despontou uma disciplina encarregada de estudar o problema: a antropologia. Ela designava, então, a arte de avaliar a cor da pele, medir crânios e definir raças. Um debate antigo agitava a área: a origem da espécie humana seria única ou múltipla?

DIFERENTES RACISMOS

Registravam-se, contudo, significativas diferenciações no interior das teorias racistas importadas. Para uns, como os médicos higienistas, era possível remediar as debilidades de africanos e mestiços, ao passo que, para certas correntes, próximas ao darwinismo social, tal mudança era impossível de ser realizada.

Dessa forma, enquanto o primeiro grupo propunha a difusão da educação, principalmente em escolas agrícolas, controle da saúde pública, vacinação em massa e reforma dos hábitos higiênicos, o segundo defendia a noção de "sobrevivência do mais forte", chegando a ver na pobreza um elemento purificador da sociedade brasileira. Ela se encarregaria de eliminar os elementos tidos como inferiores, ou seja, os egressos do cativeiro que não conseguiam se inserir no mercado de trabalho.

De maneira sub-reptícia, as autoridades corroboravam tais teses. Na Primeira República, foi impressionante seu descaso diante da tuberculose, principal causa de morte entre os negros e mestiços nas mais importantes cidades brasileiras.

CLASSE PERIGOSA

A criminologia, por sua vez, rompeu com a tradição jurídica inaugurada no século XVIII, que tinha como princípio a igualdade dos homens perante os delitos e as penas. Doravante, ela considerava os delinquentes quase como um gênero humano singular, uma manifestação de formas biológicas inferiores; daí discutir-se, como fez o médico baiano Nina Rodrigues, a necessidade de legislações específicas de acordo com as raças: "a civilização ariana" tinha de ser protegida de atos antissociais cometidos por "raças inferiores".

Vinda de um cientista negro, a opinião revela que, quase sem distinção, a elite brasileira estava tomada por essa forma de pensar. Certa perspectiva de desconfiança contra mestiços e negros como criminosos em potencial também levou à ampliação dos poderes da polícia e à edificação de penitenciárias públicas, muito atentas aos crimes cometidos por descendentes de africanos. Sobretudo, a "vadiagem". Nem as crianças escaparam ao preconceito.

Assim, em fins do século XIX, quando as instituições de caridade brasileiras registravam um crescimento vertiginoso do abandono de pequenos negros, observou-se também o início da mudança do *status* jurídico da infância carente. Se até então os meninos e as meninas sem família eram vistos como anjinhos a ser socorridos por instituições misericordiosas, eles passaram a ser encarados como membros mirins das "classes perigosas", que deveriam ser isolados do convívio social, em asilos destinados a esse fim.

Festas populares: espaço em que o negro era visto em sociedade.

LINHA DO TEMPO

1853 — Arthur de Gobineau publica a primeira versão de *Ensaio sobre a desigualdade das raças humanas*, com as supostas diferenças entre os humanos "brancos", "amarelos" e "negros"

1855 — Gobineau consolida nova versão do livro. É inventado um dos grandes mitos do racismo, o mito ariano

1877 — Africanos e esquimós se tornam atrações do Jardim Zoológico de Aclimação, em Paris. Até 1912, cerca de trinta exibições "etnológicas" ocorrem ali. O sucesso inspira mostras semelhantes em outras partes do globo

2006 — A comunidade científica internacional conclui que o conceito de raças humanas não corresponde à realidade prática

1891 — PRIMEIRA CONSTITUIÇÃO REPUBLICANA

Um ano e meio após a Proclamação da República, o Congresso publicou a primeira e mais sucinta Constituição da República, delegando aos estados a organização de forças militares e da justiça.

☞ PRUDENTE DE MORAES

O advogado e político presidiu o estado de São Paulo, foi senador, presidiu a Assembleia Nacional Constituinte de 1891 e se tornou o terceiro presidente do Brasil – o primeiro político civil a assumir o cargo e o primeiro a vencer uma eleição direta. Representava a oligarquia cafeicultora.

A primeira Constituição consolida a ideia de três poderes no Brasil: Executivo, Legislativo e Judiciário.

Conflitos do Estado com o clero e com os proprietários rurais, assim como críticas ao sistema representativo empurraram o fim do Império. A ascensão dos cafeicultores do Oeste paulista, as pretensões dos militares depois da Guerra do Paraguai e a emergência de camadas médias urbanas alteraram a composição de forças no interior dos partidos: cresceu o ideal republicano, ancorado nas ideias de modernidade e progresso.

O Golpe Republicano de 15 de novembro de 1889 mais resultou da insatisfação quanto à incapacidade de o Estado imperial resolver velhos problemas do que da crença nas vantagens do novo regime.

Na noite de 15 de novembro constituiu-se o primeiro Governo Provisório da nova República dos Estados Unidos do Brasil. Seu chefe era Deodoro da Fonseca, que dirigiu uma Proclamação ao país. Nela, anunciou-se a adoção do sistema republicano federativo até que se resolvesse a convocação de um Congresso Constituinte.

Temia-se uma semiditadura sob seu comando e o regime foi mal recebido no estrangeiro. Na época da Proclamação da República, apenas 1% da população participava do sistema político.

NOVA ORDEM NO PAÍS

O Governo Provisório determinou igualmente o banimento da família imperial e no dia 19 a criação de uma nova bandeira e escudo de armas para o país.

Promoveu-se uma "grande naturalização", dando aos estrangeiros a cidadania brasileira e, em janeiro de 1890, declarou-se a liberdade a todos os cultos religiosos, a separação entre Igreja e Estado e uma reforma bancária. Teve início a reforma do Código Criminal e da organização judiciária do país.

Em fevereiro de 1891 chegou ao fim o Governo Provisório e realizou-se o Congresso Constituinte. Eleito em setembro e composto de três senadores para cada estado e para o Distrito Federal e de um número de deputados proporcional às populações estaduais, instalou-se a 15 de novembro de 1890 sob a presidência do "republicano histórico", Prudente de Moraes.

Rui Barbosa considerava que dar uma forma constitucional ao país garantiria o reconhecimento da República e o acesso aos créditos no exterior.

Anteprojetos haviam sido ruminados no ano anterior e resumidos num só. Esse, inspirado da Constituição dos Estados Unidos da América e consagrando a República federativa liberal, sofreu uma revisão da pena de Rui Barbosa. Sua característica principal era um pronunciado presidencialismo. Apresentado em novembro seguinte ao Congresso Constituinte, multiplicou discordâncias.

Houve tensões também entre civis que apoiavam o federalismo e militares que preferiam a noção de regime centralizado.

Elas não trouxeram muitos resultados. As rendas federais, estaduais e municipais continuaram mal distribuídas e não se conseguiu esvaziar o artigo que permitia ao presidente interferir nos estados em várias e discutíveis condições. Tampouco se modificou a divisão política territorial do Brasil. Ela manteve a do Império, com exceção da criação do estado do Amazonas e do Paraná.

A PRIMEIRA CONSTITUIÇÃO REPUBLICANA

A 24 de fevereiro de 1891, o Congresso promulgou a primeira e mais sucinta Constituição da República. Os estados ficaram encarregados de organizar uma justiça própria, de organizar forças militares próprias e tinham a possibilidade de contrair empréstimos no estrangeiro. Isso interessava aos paulistas que tinham planos de valorização do café. A União ficou com os impostos de importação, com o direito de criar bancos emissores de moeda, de organizar as Forças Armadas nacionais.

Criaram-se três poderes, "harmônicos e independentes entre si": o Executivo, o Legislativo e o Judiciário.

O primeiro, antes exercido pelo imperador, caberia doravante ao presidente eleito por quatro anos. Seus ministros eram por ele escolhidos livremente. Se quisesse, podia demiti-los.

O Legislativo dividia-se em Câmara dos Deputados e Senado, mas os senadores deixaram de ser vitalícios como o eram no Império. Teriam um mandato de nove anos. Projetos de lei podiam ter início na Câmara ou no Senado. Aprovados, eram encaminhados à sanção do presidente. Se denegados, voltavam ao Congresso onde podiam ser aprovados se tivessem dois terços de votos dos presentes.

O texto constitucional consagrou o direito de todos os brasileiros e estrangeiros aqui residentes à liberdade, à segurança individual e à propriedade. Extinguiu-se a pena de morte.

FECHAMENTO DO CONGRESSO

Pouco a pouco, um grupo de militares positivistas introduziu no debate político a ideia de uma ditadura republicana. Um ano após sua eleição como presidente constitucional, o marechal Deodoro da Fonseca deu mostras de simpatia pela ideia, desrespeitando a Constituição e fechando o Congresso.

Uma conspiração militar o forçou a renunciar em 23 de novembro de 1891. Assumiu seu vice-presidente, Floriano Peixoto, que acentuou mais ainda as tendências ditatoriais do regime. Além de não convocar novas eleições presidenciais, como previa a Constituição, ele nomeou interventores militares para os governos estaduais, o que contrariou frontalmente o interesse das oligarquias locais.

A reação não demorou. O descontentamento da elite civil encontrou respaldo na Marinha, que tinha fortes tradições aristocráticas. A Revolta da Armada, de 1893-94, expressou o descontentamento de largos setores com os rumos tomados pelo regime.

Ao mesmo tempo, a Revolta Federalista incendiou o Sul, quando grupos locais se dividiram entre apoiar ou não Floriano Peixoto. A luta foi implacável, resultando em milhares de mortos.

Floriano, tendo como objetivo buscar apoio para reforçar o poder militar nos estados em crise, aproximou-se das lideranças republicanas paulistas. Com essa aliança, abriu caminho para a transição do poder na mão dos militares para os civis.

Em 1894, a eleição de Prudente de Moraes foi o primeiro passo, consolidado, posteriormente, pela de Campos Sales em 1898. Era o fim da presença militar na presidência dos primeiros tempos. Nascia a chamada "política dos governadores", ou seja, o domínio das oligarquias sobre a política e a República brasileiras. A situação eleitoral na República não melhorou. Votações tinham lugar debaixo de violências e irregularidades. Predominava a fraude. Antes de 1930, menos de 6% participavam dos pleitos.

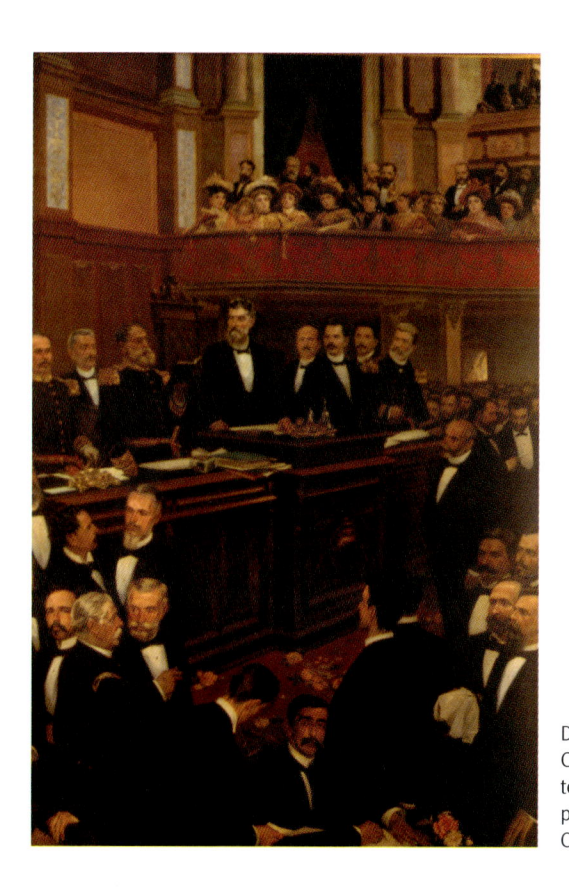

LINHA DO TEMPO

- **1889**
- **1890** — Proclamada a República
- Declarada a liberdade de todos os cultos religiosos, a separação entre Igreja e Estado e a reforma bancária
- **1891** — Promulgada a primeira Constituição. Com a renúncia de Deodoro, Floriano Peixoto assume a presidência
- **1894** — Prudente de Moraes é eleito presidente
- **1898** — Eleição de Campos Sales à presidência

Depois de promulgada a Constituição, Deodoro toma posse como presidente eleito pelo Congresso Constituinte.

REPÚBLICA VELHA

1900-1930
ESPORTES E O SURGIMENTO DA PAIXÃO NACIONAL

Antes de o futebol surgir como esporte nacional, corridas de cavalo faziam a alegria dos brasileiros. Ciclismo e remo também tinham muitos praticantes.

☞ **PELÉ**

O Atleta do Século nasceu em Três Corações, em 1940. Começou a carreira no Santos, aos 16 anos, onde ficaria até os 34 anos – depois, ainda jogaria por três temporadas no New York Cosmos. Ao longo de sua trajetória, anotou 1.283 gols, foi bicampeão mundial de interclubes e levou três vezes a Copa do Mundo.

O Brasil conquistava o mundo: primeira das cinco Copas do Mundo do país veio na Suécia, em 1958.

A consolidação do esporte no Brasil teve muito a ver com a dinâmica dos tempos: o crescimento das cidades, o desenvolvimento de uma cultura urbana, as preocupações com a saúde e a higiene, a valorização da ideia de competição e espetáculo, enfim, com as novas dimensões que marcavam a modernidade.

O turfe e o remo foram das primeiras práticas esportivas a se organizar ainda em meados do século XIX. A seguir, vieram corridas a pé ou de velocípede, os primórdios do atletismo e o ciclismo. Nos jornais da época, banhos de mar, touradas, rinhas de galo e jogo do bicho também eram designados como esportes.

Machado de Assis, por exemplo, detestava as corridas de touros importadas, desde os tempos da colônia, do mundo ibérico: "Não sei se já disse alguma vez que prefiro comer o boi, a vê-lo na praça" – maldizia!

CORRIDAS DE CAVALO E TURFE

Já as corridas de cavalos, promovidas por negociantes ingleses desde 1810, na praia da Saudade (Botafogo), no Rio de Janeiro, não pararam de ganhar adeptos e patrocinadores. O pioneiro Club de Corridas veio à luz em 1847, e o turfe se tornou uma das principais fontes de diversão na década de 1890.

Na capital da república havia oito clubes que, com o apoio das agremiações cariocas, foram se expandindo: Campos, Juiz de Fora, Manaus, Sobral e Salvador. O Jockey Club de São Paulo, por sua vez, foi criado pelos membros da oligarquia cafeeira e instalado na Mooca, em 1876.

O sucesso do turfe? A possibilidade de ver um espetáculo e de ser visto... Além de ser uma atividade pública que permitia marcar as diferenças sociais.

BANHO DE MAR

Banhos de mar aumentaram na medida em que as autoridades começaram a se preocupar com o destino dos esgotos e a combater a febre amarela. Recomendados como "remédio", atribuía-se às águas do mar a cura de muitos males.

O deslocamento em direção às praias incentivou que os trilhos de bondes rasgassem novos caminhos. A polícia vigiava para que não se "ofendesse o pudor" dos banhistas. Publicou-se até um *Manual da arte de nadar*, que se tornou um sucesso. Até as mulheres participavam.

Na década de 1910 sereias respondiam pelo nome de Alice Possolo, Blanche Pironnet, entre outras.

BICICLETAS

No início do século XX o esporte se tornou uma febre. Criavam-se clubes e federações. A moda era "a educação física", capaz de modelar o físico, mas também as virtudes morais. Regulamentos se tornavam restritivos enquanto se valorizavam as imagens associadas a progresso incentivado pelo esporte: organização, limpeza, ventilação, solidariedade.

A imprensa enchia páginas com informações sobre "os grandes feitos". Bicicletas, antes chamadas de velocípedes, começaram a ser importadas em grande número.

Era artigo de luxo comprado pela elite: "Ninguém ignora que foi esta sociedade que introduziu o ciclismo no Brasil a imitação do que se pratica nos principais países da Europa... Ali se encontra o que há de mais chique e elegante no *high-life* fluminense", explicava o *Jornal do Brasil* sobre o Velo Club fundado em 1896. O seu quadro de sócios era "engrandecido por *mademoiselles*". Ou seja, a presença feminina também estava sob duas rodas, de preferência, francesas.

REMO

A descoberta do mar incentivou, igualmente, as corridas de barco a remo. Os tipos físicos masculinos, franzinos e doentios, davam lugar a corpos rijos e bem-desenhados de músculos.

Quem conta é João do Rio: "Rapazes discutiam 'muque' em toda a parte. Pela cidade, jovens, outrora raquíticos e balofos, ostentavam largos peitorais e a musculatura herculeana dos braços". Eram os remadores, cujas regatas agitavam a cidade.

O FUTEBOL CHEGA AO BRASIL

Foram os ingleses que introduziram, entre nós, a paixão nacional: o futebol! Junto com as ferrovias, o capitalismo e o comércio, a bola tornava o mundo mais redondo.

A princípio, em gramados improvisados, marinheiros e funcionários de ferrovias ensinavam que aquele era um esporte de equipe, que não exigia atributos físicos especiais e que podia ser jogado em qualquer circunstância.

Na ilha britânica, ele era a religião leiga da classe operária, como disse um historiador. Mas o movimento tomou conta do país, de Norte a Sul, na virada do século XIX para o XX. E se o uniforme, o equipamento, o vocabulário específico, as chuteiras e até o grito de *goal* eram britânicos, a paixão se tornou nacional!

Ao lado de clubes fechados, onde a juventude bem-nascida praticava sob a batuta de treinadores, nasciam os clubes de várzea, e o público se reunia do mesmo jeito para torcer em intermináveis partidas.

Nos subúrbios e nas fábricas, os operários organizavam seus times e fundavam clubes que ombreavam com aqueles sofisticados da Liga. O futebol se expandia para além de fronteiras sociais e geográficas que separavam a elite do povo.

Em meados da década de 1910 o futebol estava presente em todo o país, de alto a baixo da sociedade. Faltava-lhe um ponto de convergência, dado com a fundação da Confederação Brasileira de Desportos em 1915. Ela tinha o objetivo de congregar interesses das diversas ligas e federações.

Entre os anos 1930 e 1980, o futebol brasileiro foi conhecido por suas "gingas, fintas, malabarismos de capoeira e floreios". Nascia, então, o "futebol arte" ou "futebol mulato" que por décadas deu identidade ao povo brasileiro. Nascido no exterior, ele teria sido "nacionalizado" por nossos jogadores afrodescendentes. Foi alimento para artigos de grandes nomes como Mário Filho, José Lins do Rego e Nelson Rodrigues. Ele seria o resultado de nossa mestiçagem e do sentimento de pertencimento a uma "comunidade imaginada" que, como se sabe, dura o tempo de uma Copa do Mundo.

Ainda limpo e navegável, o rio Tietê era palco de competições de esportes náuticos.

LINHA DO TEMPO

- **1810** — Primeiras corridas de cavalo são organizadas no Rio de Janeiro
- **1847** — Surge o primeiro Club de Corridas, no Rio de Janeiro
- **1876** — É fundado o Jockey Club de São Paulo
- **1890** — O turfe se consolida como uma das principais fontes de diversão

1920 — MOVIMENTO OPERÁRIO

O início, ainda que tímido, da industrialização no Brasil trouxe consigo o florescimento da consciência de classe dos trabalhadores – que, aos poucos, passaram a se organizar a fim de reivindicar seus direitos.

☞ FRANCISCO MATTARAZZO

Agricultor italiano nascido em 1854, mudou-se para o Brasil em 1881. Aqui, começou a vida como mascate até se tornar um bem-sucedido empresário – o criador do maior complexo industrial da América Latina no início do século XX. Morreu em 1937, quando era o homem mais rico do país.

São Paulo começa a ter um parque industrial de respeito, muito graças aos investimentos de Matarazzo.

Em 1920, um recenseamento demonstrou que São Paulo detinha a maior indústria e o maior número de operários do país: 31% e 30%. Era a "locomotiva da Federação". Depois de ter construído ferrovias, portos e rodovias, os capitais do café haviam migrado para a promissora industrialização.

A capital, Rio de Janeiro, só contava com 12% de estabelecimentos industriais e 20% de trabalhadores. Ambos os estados concentravam 40% da mão de obra do país.

As cidades, em rápido crescimento, concentravam fábricas e serviços, reunindo milhares de trabalhadores. Do outro lado da massa operária, os "patrões" instalados nas mansões das avenidas largas que se abriam em bairros nobres. A Paulista, em São Paulo, era o melhor exemplo.

AS GREVES: SÃO PAULO E RIO DE JANEIRO

A Primeira Guerra Mundial atrasou o desenvolvimento industrial. Isolado dos fornecedores habituais, o país se privou de material para a instalação de fábricas, e entre 1914 e 1918 a produção diminuiu.

Porém a exportação do látex da Amazônia alimentou a indústria automobilística americana. A aproximação com Washington fez o Brasil declarar guerra aos alemães e seus aliados em outubro de 1917.

O ano de 1922 marcou o centenário da Independência e também o auge da crise financeira no Brasil. "Greve" já era uma palavra conhecida. Significando melhores salários e condições de trabalho, ela já paralisara milhares de colonos durante a colheita da safra, na região de Ribeirão Preto, em 1913. Nas cidades, e em particular no Distrito Federal e em São Paulo, partidos operários levantavam a bandeira de um vago socialismo ou do que, hoje, chamar-se-ia de "sindicalismo de resultados".

As greves só tinham repercussão quando eram gerais ou quando atingiam o setor agroexportador, parando ferrovias e portos. As reivindicações eram imediatas: aumento de salário, limitação da jornada de trabalho, salubridade, reconhecimento dos sindicatos pelos patrões. Não se pretendia mudar a sociedade ou o mundo.

Nas duas capitais, tais movimentos apresentaram diferenças. Correndo o risco de achatar sua diversidade e complexidade, podemos dizer que, em São Paulo, predominou o anarcossindicalismo. Movimento que teve seu auge na Europa e Estados

Unidos, que pretendia derrubar a burguesia do poder por meio de ações violentas.

Dirigido por comissões, o sindicato anarquista sonhava com uma sociedade sem Estado, sem desigualdade e organizada numa federação livre de trabalhadores. Na década de 1910, entre 70% e 85% dos trabalhadores fabris, dos transportes e pequeno comércio eram espanhóis, italianos e portugueses, logo, portadores dessas ideias.

No Rio de Janeiro, a composição da classe trabalhadora era outra. Reunia a classe média profissional e burocrática, militares de carreira, estudantes de escolas superiores. Os movimentos cariocas tinham mais de "populares" do que de "operários". A Revolta da Vacina, de 1904, foi um exemplo.

Diferentemente de São Paulo, onde muitos operários dividiam rivalidades étnicas e outros queriam apenas "fazer a América" e voltar às suas pátrias, no Rio vigorava ainda a relação paternalista herdada da escravidão e os trabalhadores eram nacionais. A antipatia dos anarquistas pelo futebol, a umbanda, o catolicismo e o Carnaval, em que viam artimanhas da burguesia para alienar a classe trabalhadora, também os afastava de muitos congêneres.

RETRATO DA INDÚSTRIA

A indústria concentrava 85% dos bens de consumo e agroalimentar. A de tecidos, por exemplo, empregava majoritariamente mão de obra feminina. Em 1901 ela representava cerca de 49,95% do operariado têxtil. Crianças também integravam o mundo do trabalho: eram 22,79% dele. Imigrantes italianos como Francisco Mattarazo tiveram sucesso econômico ao implantar fábricas de moagem, conservas e tecelagem.

ORGANIZAÇÕES TRABALHISTAS E REPRESSÃO

No início do século, esforços foram feitos: criou-se a Confederação Operária Brasileira em 1906, por exemplo. Muitos encontravam aliados para suas demandas em setores do governo interessados em submeter o poder patronal. Outros exigiam a presença da polícia na hora de negociar com os patrões. Mas os movimentos de resistência operária mal eram percebidos pelas elites.

Tudo mudou entre 1917 e 1920, quando estourou um ciclo de greves nas principais capitais. Mais de cem em São Paulo e mais de sessenta, no Rio de Janeiro. O aumento do custo de vida, as perturbações causadas pela guerra e a revolução de Outubro de 1917, na Rússia czarista, inflamaram os ânimos. O assunto se tornou manchete nos jornais. Finalmente, as classes dirigentes passaram a se ocupar dele.

A partir de 1920 a onda grevista declinou. Severa repressão abateu-se sobre os trabalhadores. O Congresso aprovou leis que permitiam que "cabeças" fossem expulsos, se ameaçassem a ordem pública. Atos violentos em nome de ideias anarquistas também podiam ser punidos.

O Estado criou mecanismos de precaução. Em 1912 nascia o Patronato Agrícola para resolver conflitos entre colonos e fazendeiros. Uma legislação operária foi reunida num projeto de Código do Trabalho. Ele previa uma jornada de oito horas de trabalho, limites ao trabalho infantil e feminino, licença para mulheres grávidas. Mas o projeto foi bombardeado por industriais e congressistas. Restou apenas a lei que garantia indenização por acidentes de trabalho, aprovada em 1919. E, em 1925, a que previa 15 dias de férias anuais e que limitava o trabalho de menores.

Não só as greves, mas, também, a fundação do Partido Comunista do Brasil, o movimento de oficiais revolucionários no Forte de Copacabana em 1922, assim como a Coluna Prestes, foram movimentos políticos capazes de desencadear um impulso revolucionário no país. Os "tenentes" e uma pequena minoria de oficiais incentivavam uma revolta nacional.

Num contexto de crise generalizada todos se perguntavam sobre como governar um país inculto e uma sociedade amorfa. As críticas apontavam numa direção: a constituição de um Estado autoritário, cuja missão seria transformar e salvar a pátria. A partir das décadas de 1930 e 1940, Getúlio Vargas assumiria tanto as bandeiras dos trabalhadores quanto a insatisfação das classes médias, capitalizando para si o apoio das camadas populares.

Trabalhadores passam a se organizar, muitos filiando-se ao Partido Comunista, para exigir melhores condições de trabalho.

LINHA DO TEMPO

1917 — Estouram as greves nas principais capitais. Em três anos, foram mais de cem em São Paulo e mais de sessenta no Rio

1919 — Criada a lei que garante indenização por acidentes de trabalho

1920 — A década marca o início da repressão aos movimentos grevistas, com leis que autorizam a expulsão dos líderes

1925 — Lei dá 15 dias de férias por ano e limita o trabalho de menores

1940-1992

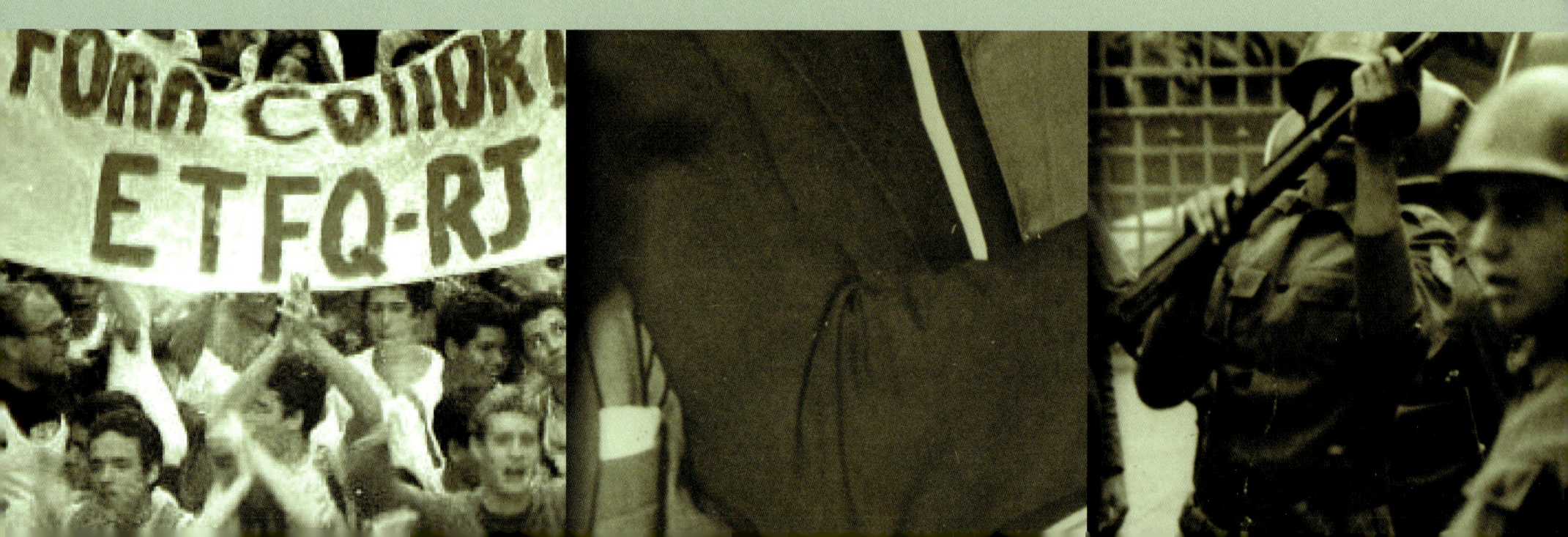

REPÚBLICA NOVA

1940 — LEI DO SALÁRIO MÍNIMO

O grande legado de Getúlio Vargas foi a Consolidação das Leis Trabalhistas, que até hoje garantem direitos básicos ao trabalhador brasileiro.

GETÚLIO VARGAS

Advogado com longa carreira política, presidiu o país em dois períodos: de 1930 a 1945 e de 1951 a 1954 – quando se suicidou, aos 72 anos. Seus simpatizantes o chamavam de "pai dos pobres", pois em sua gestão foram criadas muitas leis sociais e trabalhistas.

Salário mínimo: conquista trabalhista do governo Vargas.

Depois de ter sido derrotado nas urnas, em eleições consideradas "fraudulentas", Getúlio Vargas assumiu "provisoriamente" o governo, em novembro de 1930. O golpe revolucionário foi dado para "restituir a liberdade ao povo".

De que revolução se estava falando? Da que derrubou a República Velha e mergulhou o país em lutas e combates que duraram quase um mês. A antiga ordem, porém, caiu qual fruta madura.

Vargas articulou em torno de si vários grupos descontentes com as oligarquias paulistas e mineiras que controlavam o cenário político. O foco inicial foi Porto Alegre, mas a sublevação se espalhou nos quartéis.

Góis Monteiro era o chefe militar do movimento. Juarez Távora, chamado "o D'Artagnan do tenentismo", liderava as operações militares no Norte e Nordeste.

Pouco a pouco, caíram as capitais: Minas, Paraíba, Pernambuco, Santa Catarina e Paraná. Somente São Paulo, Bahia e Pará se mantiveram fiéis ao governo central. No Rio, indefinição. Contudo, ao saber que o presidente Washington Luís fora deposto, os legalistas se renderam.

No dia 30 de outubro, de São Paulo, onde deixou um interventor, Vargas rumou na direção da capital do país. Uma junta governativa composta pelos generais Tasso Fragoso, Mena Barreto e o almirante Isaías Noronha o aguardava. De lenço vermelho ao pescoço, lembrança da mística caudilhesca, Vargas desembarcou sob aclamação popular: "Estamos ante uma contrarrevolução para restaurar a pureza do regime republicano" – dizia. Seu lema era: "Reconstrução nacional".

Embora não fosse um movimento militar, a revolução teve o apoio dos militares. Vargas tomou posse, anistiando os rebeldes do levante do Forte de Copacabana de 1922 e da Revolução Paulista de 1924, contra o então presidente Artur Bernardes. Graças à revolução, o pacto político alterou-se: pela primeira vez, as massas foram chamadas a participar. Era importante sossegar quem tivesse dúvidas: o movimento não era comunista.

NASCE O "PAI DO POVO"

A 11 de novembro o líder gaúcho suspendeu a Constituição e nomeou interventores para todos os estados, salvo Minas Gerais.

Fundado num discurso que prometia acabar com latifúndios e sanear o ambiente moral, surgia um Estado forte, paternalista, centralizador e nacionalista. Era o fim do federalismo e da "república dos fazendeiros" que se revezavam no poder.

A economia ficou nas mãos do governo: sindicatos e relações trabalhistas passaram a ser controlados e deixaram de ser uma "questão de polícia". Empresas estrangeiras eram obrigadas a ter dois terços de empregados brasileiros e a pagar 8% sobre lucros enviados ao exterior. Lindolfo Collor criou a legislação trabalhista, graças à qual Vargas ganhou mais popularidade, se tornando "o pai do povo".

Mas como Vargas obteve tal unanimidade? Nada seria possível sem o extraordinário sucesso econômico alcançado em seu primeiro governo.

Pela primeira vez a produção fabril ultrapassou a agrícola e assistiu-se ao nascimento da indústria de base: siderurgia, metalurgia, química. Apesar da baixa do preço do café no mercado internacional na primeira metade da década de 1930, as taxas de crescimento se mantiveram a 5% ao ano. A industrialização acelerada teve repercussões sociais e políticas. Intensa urbanização, formação de novas cidades, multiplicação de trabalhadores, mas, também, de empresários não saídos do meio agrícola. O melhor exemplo foi Roberto Simonsen, fundador e idealizador da Federação das Indústrias de São Paulo (Fiesp).

CONTROLE SOCIAL

Sempre cauteloso com as oligarquias, Vargas não se distanciou dos militares. Apoiou-se, também, nos trabalhadores para quem delineou um programa específico.

No mesmo ano de sua posse, Getúlio criou o Ministério do Trabalho, da Indústria e do Comércio. Meses depois, a 4 de fevereiro de 1931, instituiu o Departamento Nacional do Trabalho (DNT). A Constituição de 16 de julho de 1934, originária do Governo Provisório, introduziu princípios pioneiros na questão do trabalho, da família e da educação: salário mínimo, jornada de oito horas, proteção ao trabalho aos menores de 14 anos, férias anuais remuneradas, indenização ao trabalhador despedido, assistência médica e sanitária ao trabalhador, criação da representação profissional na Câmara dos Deputados, afirmação do princípio de pluralidade e de autonomia sindical, criação da Justiça do Trabalho.

Decretado o estado de sítio, em 1935, o controle sobre as ações trabalhistas foi retomado. Sob a justificativa de que o Estado não dispunha de mecanismos para a defesa da paz, e com o apoio das Forças Armadas, Vargas editou a Constituição de 10 de novembro de 1937.

LEIS TRABALHISTAS E PROPAGANDA CRIAM UM MITO

Em 1943, a Consolidação das Leis Trabalhistas ampliou os direitos da classe trabalhadora: mulheres obtiveram amparo na maternidade, restringiu-se a exploração infantil, indenizações foram asseguradas em caso de dispensa, criou-se uma justiça do trabalho encarregada de mediar os conflitos entre patrões e empregados.

A CLT concluiu o projeto de organização corporativista no Brasil. O corporativismo queria romper com o individualismo da sociedade liberal e com a luta de classes socialista. Confiava ao governo o poder de solucionar conflitos e harmonizar interesses. Eis por que Getúlio surge como um "pai protetor".

A criação de um Departamento de Imprensa e Propaganda (DIP) foi responsável pelo culto à personalidade do ditador, mas também pela definição do cidadão como "um trabalhador"! O dia 1º de Maio, Dia Internacional do Trabalho, era comemorado com cerimônias grandiosas e o anúncio de alguma medida favorável aguardada pela população.

Apoio popular: Getúlio Vargas ganha a alcunha de "pai dos pobres".

CONSTITUIÇÃO DE 1937

Com a Constituição inspirada na *Carta del lavoro* da Itália fascista, Vargas passou a dominar com mãos de ferro o crescimento de sindicatos e, em 1939, depois da decretação do Estado Novo, permitiu apenas um único sindicato por categoria profissional.

Sua estrutura, hierarquizada e dependente de federações e confederações, seria financiada pelo desconto de um dia de trabalho. Caberia ao Banco do Brasil efetuar a arrecadação destinando-se 60% ao sindicato, 15% à Federação, 5% à Confederação e 20% ao Fundo Social Sindical. Esse último foi frequentemente utilizado como "verba secreta" para financiar campanhas eleitorais.

O imposto sindical deu suporte à figura do "pelego", dirigente sindical que mais agia em interesse próprio e do Estado do que no interesse dos trabalhadores.

De instrumento de luta, os sindicatos passaram a prestadores de serviços assistenciais e mantenedores da tranquilidade. A greve e o *lockout* foram proibidos. As tradicionais lideranças anarquistas esperneavam. Mas, para os trabalhadores, a existência de institutos de previdência e a garantia de aposentadoria eram mais importantes.

LINHA DO TEMPO

1930 — Júlio Prestes vence as eleições, mas há acusações de fraude. Um movimento revolucionário coloca Getúlio Vargas como chefe do Governo Provisório

1932 — Revolução Constitucionalista se contrapõe a Vargas. Movimento é subjugado

1934 — Sob nova Constituição, Vargas é eleito, indiretamente, presidente da República

1937 — Vargas dissolve o Congresso

1943 — É aprovada a Consolidação das Leis do Trabalho

1945 — Vargas é deposto

1954 — CARTA-TESTAMENTO DE VARGAS

Depois de um governo de 15 anos, Vargas reassume a presidência – desta vez, de forma democrática, eleito diretamente pela população.

☞ **CARLOS LACERDA**

Viveu entre 1914 e 1977. Jornalista e político, consagrou-se como o "anti-Getúlio", por seu papel como coordenador da oposição à campanha de Vargas e, consequentemente, ao seu governo. Em 1954, foi vítima de atentado a bala na porta do prédio onde vivia, no Rio de Janeiro.

Enterro de Vargas: depois do suicídio, a comoção popular.

Personagem ambíguo de nossa história, Vargas promoveu inegáveis avanços para o desenvolvimento do país ao mesmo tempo que liderou um período autoritário e de repressão em seu primeiro governo (1930-45).

Em dezembro de 1950 foi eleito com uma boa margem de votos contra Eduardo Gomes. O "pai dos pobres" voltava a se instalar no Palácio do Catete. O país vivia um momento de instabilidade.

Atingidos pelo alto custo de vida, os trabalhadores teriam de enfrentar as medidas impopulares impostas para controlar a inflação. Mais difícil foi a aliança de Vargas com os tradicionais antagonistas: num governo popular, instalou um ministério conservador.

Aproximou-se mesmo de sua inimiga figadal: a UDN. Porém nada disso abalou o "tigre da inflação" que começava a se mover. Um ano depois, a campanha contra a "Panela Vazia" sacudiu o país. Providências eram exigidas.

A 3 de outubro de 1953, numa manifestação de populismo, Vargas, apoiado pelos sindicatos, afastou-se dos Estados Unidos, criou a Petrobras, fez uma lei contra a remessa de lucros para o exterior e mudou o ministério.

APOIO OPERÁRIO

O presidente foi buscar apoio nas bases operárias. E, para isso, colocou outro gaúcho no Ministério do Trabalho: João Goulart, apelidado de Jango, com amplo apoio sindical. Presidente do PTB, ele seria responsável por terminar o movimento de greves sem precedentes que estalou em São Paulo, em 1953, e que prometia se estender ao setor de transportes.

Ele propôs, igualmente, dobrar o salário mínimo, o que provocou protestos de diversos setores da sociedade. Foi o bastante para que a UDN atacasse o governo: aproximava-se uma "república sindicalista" na qual os comunistas estariam infiltrados no poder.

A crise aumentava e os militares, mais uma vez, foram os porta-vozes do descontentamento das elites. Antes aliados de Getúlio, passavam, agora, a inimigos. Em fevereiro de 1954, o Manifesto dos coronéis foi um exemplo do radicalismo que grassava durante o período da Guerra Fria.

O medo dos comunistas era real e quase geral. E, queixando-se de que o aumento do salário mínimo não era extensivo às Forças Armadas, os oficiais aproveitaram para denunciar a ameaça da "infiltração de perniciosas ideologias antidemocráticas" e "o comunismo solerte sempre à espreita" para dominar o Brasil.

MARY DEL PRIORE

O POVO NO PODER

Em discurso no dia 10 de maio, Vargas prometeu aos trabalhadores: "Hoje vocês estão no governo. Amanhã, serão o governo". Assustadas, as elites se mobilizaram. Diante das tensões, Vargas afastou Jango do cargo, mas manteve o aumento do salário mínimo.

CRIME E CASTIGO

A UDN, por meio de seu líder, Carlos Lacerda, e do jornal *Diário de Notícias*, multiplicava acusações de corrupção dentro do governo. Lacerda não só exigia a renúncia do presidente como apelava às Forças Armadas para que elas "restabelecessem a democracia no Brasil".

Em junho de 1954 o congresso votou o *impeachment* de Vargas. O pedido foi rejeitado, mas as pressões aumentaram. No círculo getulista, surgiu a ideia de "dar um jeito" em Lacerda.

O chefe da guarda presidencial, Gregório Fortunato, decidiu tramar o assassinato do político da UDN. A execução da ideia foi um desastre. Na madrugada de 5 de agosto de 1954, dois pistoleiros tentaram abater Lacerda à porta de sua casa, na rua Toneleros. Acertaram um major da Aeronáutica, Rubens Vaz, que se oferecera espontaneamente para escoltá-lo. "Esse tiro é uma punhalada em minhas costas" – queixou-se o presidente. Tarde demais.

A Aeronáutica decidiu investigar o crime por conta própria e em 29 horas os culpados estavam presos. Ficou claro que o mandante fora Fortunato. Na base aérea do Galeão, chamada então de "República do Galeão", ele sofreu todo tipo de pressão para entregar um nome que derrubasse Vargas. Muitos colaboradores do presidente foram presos e ameaçados de morte.

Em 22 de agosto os brigadeiros se reuniram no Clube da Aeronáutica para pedir a renúncia de Vargas. Resposta de Getúlio: "Se tentarem tomar o Catete, terão que passar sobre o meu cadáver". No dia seguinte, cerca de trinta generais lançaram um Manifesto à nação, na verdade, um *ultimatum* ao presidente.

Na noite do dia 23, seu irmão, Bejo, informou-lhe que fora intimado a depor na "República do Galeão". Vargas ameaçou: "A UDN está preparando um banquete. Na hora em que sentarem à mesa, eu puxo a toalha". E concluiu: "Só morto saio do Catete".

Às quatro horas da manhã do dia 24 de agosto oficiais da Aeronáutica vieram buscar Bejo para um interrogatório. Meia hora depois um tiro encheu os corredores do palácio. Vargas se suicidou com uma bala no coração.

A ÚLTIMA CARTA

Matou-se, mas deixou um testamento em que dizia que sua morte era um sacrifício deliberado na luta pela liberdade do povo brasileiro. Apontava como responsáveis de seu gesto os grupos internacionais aliados aos inimigos internos. Afinal, enquanto o lucro das empresas alcançava 500% ao ano, o Brasil era obrigado a recuar em medidas tomadas para sustentar o preço internacional do café. Afirmava que tais inimigos se opunham às garantias sociais aos trabalhadores e reagiam às limitações impostas sobre seus lucros. Dizia defender as fontes de energia nacional, corporificadas na Eletrobras e Petrobras.

O parágrafo final era dramático: "Lutei contra a espoliação do Brasil. Lutei contra a espoliação do povo. Tenho lutado de peito aberto. O ódio, as infâmias, a calúnia não abateram meu ânimo. Eu vos dei a minha vida. Agora, vos ofereço a minha morte. Nada receio. Serenamente dou o primeiro passo no caminho da eternidade e saio da vida para entrar na História".

Foi-se o político que ouvia "a voz dos humildes". A massa saiu às ruas. Multidões enraivecidas culpavam a oposição pela morte do presidente. Houve tumultos e comoção. Seu enterro atraiu milhares de admiradores.

Vargas esvaziou um golpe militar em curso, à frente do qual se encontravam os oficiais legalistas: os que não admitiam que a Constituição fosse desrespeitada.

A UDN ficou em posição difícil. De 1954 a 1964 sucederam-se tentativas de golpe de estado. Mesmo morto, Getúlio continuou a dividir a vida política entre os que o abominavam e os que o idolatraram.

LINHA DO TEMPO

- **1950**
- **1953** — Vargas retorna ao poder, por eleição direta
- **1954** — Criação da Petrobras
- Vargas suicida-se no Palácio do Catete

O povo foi às ruas para chorar a morte do líder: Vargas tornou-se o mito que criou.

1959 — CARTA RENÚNCIA DE JÂNIO QUADROS

Um político um tanto estranho, folclórico até, Jânio Quadros foi eleito com uma das mais expressivas votações da história.

☞ **JÂNIO QUADROS**

Nasceu em 1917. Foi eleito presidente do Brasil, mas renunciou sete meses depois de tomar posse, em agosto de 1961. Ocupou diversos cargos públicos: vereador, deputado estadual, governador do estado de São Paulo, prefeito da cidade de São Paulo. Morreu em 1992.

Vassouras para limpar o país da corrupção: em comício, o mote da campanha.

Em abril de 1959, com as bênçãos de Carlos Lacerda e sob a legenda de um minúsculo partido, o PTN, nascia uma das mais insólitas candidaturas que o Brasil conheceu: a de Jânio da Silva Quadros.

O discurso populista, tão caro às massas, foi novamente usado, sem contar que ele agradava, também, às elites antigetulistas. Em tom moralista, ele prometia "sanear a nação".

Jânio usava a imagem de que era "o homem do tostão contra o milhão". Ganhou o apoio das classes médias e dos militares contra o candidato do ex-presidente Juscelino Kubistchek, o general Lott, também concorrendo às eleições de 1960. O terceiro candidato tinha sido vencido por Jânio na eleição ao governo de São Paulo, seis anos antes. Era Ademar de Barros.

Eleito com 48% dos votos, ele recebeu uma das mais expressivas votações da história. A revista americana *Time* publicou seu retrato, pintado por Portinari, na capa. O texto comparava o presidente à imagem do país: "temperamental, brilhando com independência, ambicioso, assombrado pela pobreza, lutando para aprender, ávido de grandeza". Já a revista *France Soir* ironizou que era parecido com Marx. Não o Karl, mas o cômico Harpo. Afonso Arinos resumiu: ele era "a UDN de porre". Enfim, para muitos, um "enigma político" comandava a nação.

UM ESTRANHO NO NINHO

Jânio foi o primeiro presidente a tomar posse em Brasília. Logo começou a governar de forma desconcertante: proibiu o uso do biquíni, as rinhas de galo, o uso do lança-perfume. Combinava iniciativas simpáticas à esquerda e aos

era uma tentativa de restaurar a confiança de setores econômicos e financeiros.

O presidente adotou um pacote de estabilização que envolveu desvalorização cambial, contenção de gastos públicos e da expansão monetária. O corte de subsídios para importação de trigo e petróleo aumentou em 100% o pão e os combustíveis.

Foi aplaudido pelo FMI e pelos credores europeus e americanos que reescalonaram a dívida do país. O presidente Kennedy permitiu-lhe novos créditos, pois havia pânico, nos Estados Unidos, de que o governo escorregasse "à esquerda".

"FORÇAS TERRÍVEIS"

Porém Lacerda e sua UDN multiplicaram queixas e críticas a Jânio. Ele governava sem eles, tinha simpatias pela reforma agrária, sem contar que sua política externa causava apreensão.

Na noite de 24 de agosto, recém-eleito governador da Guanabara, Lacerda fez um discurso, transmitido pelo rádio, acusando o presidente de tentar um golpe para ter seus poderes ampliados. No dia seguinte Jânio renunciou, comunicando sua decisão ao Congresso Nacional. A causa, segundo ele, eram "forças terríveis".

O Congresso tomou conhecimento do ato de Jânio e, como diferentes grupos já tinham novos planos para o poder, ele deixou o país, sem o apoio de ações significativas para seu retorno à Brasília.

Jânio Quadros voltaria a ocupar um cargo público somente em 1986, quando se tornou prefeito de São Paulo pela segunda vez. Seu mandato, mais uma vez, foi tomado por excentricidades: ele proibiu biquíni no parque do Ibirapuera, aplicou multas de trânsito pessoalmente e mandou fechar oito salas de cinema que passariam um filme considerado por ele "desrespeitoso à fé cristã".

Ambiguidade: Jânio recebeu Fidel Castro e condecorou Che Guevara, mas não apoiava o comunismo.

conservadores, desagradando aos dois. Causava interrogações com sua política externa, que desejava independente: visitou Cuba, condecorou Che Guevara, mas não apoiava o comunismo.

No setor financeiro, não escondeu a situação caótica que encontrou: um *deficit* do balanço de pagamentos que atingiu 410 milhões de dólares para exportações num valor de 1,27 bilhão de dólares. A dívida externa montava a 3,8 bilhões de dólares dos quais 600 milhões venceriam em seu primeiro ano de governo.

A instalação de dois novos ministérios, da Indústria e Comércio e de Minas e Energia,

Campanha: com tom moralista, Jânio prometia "sanear a nação".

LINHA DO TEMPO

1959 — Com o apoio de Carlos Lacerda, nasce a insólita candidatura de Jânio Quadros

1960 — Jânio vence e, no ano seguinte, torna-se o primeiro presidente a tomar posse na novíssima Brasília

1961 — Com sete meses de governo, renuncia

1968 — AI-5

Congresso fechado, artistas presos, censura, cassações políticas: quatro anos depois do Golpe Militar, a Ditadura assumia seu papel mais torpe.

☞ **ARTHUR DA COSTA E SILVA**

Viveu entre 1899 e 1969. Militar e político, acabou se tornando o segundo presidente do regime militar – governou o Brasil de março de 1967 a agosto de 1969. Em seu mandato a repressão foi institucionalizada, com o fechamento do Congresso e a cassação de políticos. Antes de se tornar presidente, tinha sido ministro da Guerra e ministro de Minas e Energia.

O Exército protegendo o Palácio: no fatídico dia, o AI-5 foi promulgado.

No dia 15 de março de 1967 tomou posse da presidência da República o marechal Arthur da Costa e Silva, um dos líderes da Revolução de 1964.

No mesmo dia entrou em vigor uma nova Constituição Brasileira. Ela manteve as características democráticas das anteriores. Por um lado, sustentou o federalismo, e, por outro, reforçou o presidencialismo. Esse poderia propor leis e baixar decretos com força de lei em casos de urgência e interesse público. Ampliaram-se cuidados quanto ao que pudesse ferir a segurança nacional.

Costa e Silva prosseguiu na restauração econômica e financeira do país. Em 1968 articulou-se contra o governo um movimento oposicionista. Ele reunia na chamada "Frente Ampla", entre outros, elementos cujos direitos políticos haviam sido cassados pela Revolução.

O então ministro da Justiça, Luis Antonio da Gama e Silva, reagiu com a demanda de sua supressão conforme a legislação vigente. Em 1968 multiplicaram-se agitações em todas as capitais do país a pretexto de reformas, inclusive no setor da Educação.

O governo atendeu as que lhe pareceram convenientes, pois queria dar mostras de boa vontade. Mas a situação anunciava graves dificuldades e o país assistiu a atos terroristas, até então, excepcionais.

O governo retrucou com a aplicação de disposições repressivas autorizadas pela Constituição de 1967. Mas, não encontrando apoio na Câmara dos Deputados ou no partido que o apoiava, Arena, resolveu baixar o Ato Institucional nº 5, a fim de enfrentar as agitações. O AI-5 entrou em vigor a 13 de dezembro de 1968, endossando a agenda revolucionária de 1964.

A FASE MAIS RÍGIDA DA DITADURA

De início, Costa e Silva colocou o Congresso Nacional em recesso, com o que ficou habilitado a elaborar decretos-leis. Em atos complementares estabeleceu as condições em que poderiam ser cassados direitos políticos; regulamentou o afastamento de funcionários públicos; estabeleceu normas para investigação e punição de pessoas ilicitamente enriquecidas.

Tinha início o período mais duro da ditadura militar que se estendeu de 1964 a 1985. No mesmo dia em que o AI-5 foi implementado, o ex-presidente Juscelino

> **PREVISÃO DO TEMPO**
>
> O *Jornal do Brasil* usava a sessão de meteorologia para comunicar a gravidade da situação:
>
> "Previsão do tempo: Tempo negro. Temperatura sufocante. O ar está irrespirável. O país está sendo varrido por fortes ventos".

Kubitscheck foi preso, saindo do Teatro Municipal do Rio de Janeiro, e encarcerado por vários dias num quartel em Niterói. Também foi preso o governador Carlos Lacerda.

A 30 de dezembro tiveram início as cassações políticas. Ninguém foi poupado. De deputados federais a senadores, de ministros do Supremo Tribunal Federal a um ministro do Superior Tribunal Militar. Ao todo, 333 políticos tiveram seus direitos anulados.

Três meses depois da edição do AI-5, cidadãos sob suspeita passaram a ser presos por sessenta dias, dez dos quais incomunicáveis. Nas universidades, alunos do Comando de Caça aos Comunistas denunciavam colegas e professores. Sessenta e seis deles foram expulsos de suas faculdades, entre eles o ex-presidente Fernando Henrique Cardoso.

A vida artística foi atingida e artistas como Caetano Veloso e Marília Pêra conheceram a prisão. No ano seguinte, sete assembleias legislativas estaduais foram postas em recesso por registrar abusos.

O AI-5 foi seguido por mais 12 atos institucionais, 59 atos complementares e oito emendas constitucionais. Vigorou até 17 de outubro de 1978. Sobre ele, disse o presidente Costa e Silva em discurso transmitido por rádio e TV, no último dia de 1968: "Salvamos o nosso programa de governo e salvamos a democracia voltando às origens do poder revolucionário".

O Golpe Militar é considerado hoje, por eminentes historiadores, um "golpe civil e militar". Isso, pois amplos segmentos da população apoiaram a instauração da ditadura. As "Marchas da Família com Deus pela Liberdade" mobilizaram dezenas de milhões de pessoas contra o que se considerava a chegada do comunismo ao Brasil. O "medo" da reforma agrária e o do fim da presença de capitais estrangeiros no país também mobilizavam. E se o país mergulhasse no caos, na negação da religião? Em tempos de Guerra Fria, demonizavam-se as posições: Jango era o Mal. A Ditadura era o Bem. A imprensa saudava a intervenção militar como "justa", capaz de "proteger a pátria e garantir os poderes constitucionais, a lei e a ordem".

REGIME COM DURAÇÃO MAIOR QUE O ESPERADO

Uma frente ampla e heterogênea de políticos apoiou o golpe. Porém, eles queriam apenas uma intervenção rápida. Lideranças civis como Carlos Lacerda, Magalhães Pinto, Ademar de Barros ou Ulisses Guimarães aceitavam que os militares fizessem "o trabalho sujo" de prender e cassar. E que, assim que as forças de esquerda estivessem silenciadas, fosse retomado o jogo político tradicional.

Para surpresa de muitos, os militares ficaram por longo tempo: o país conheceu cinco generais presidentes. A sociedade civil não teve comportamento linear. Uns apoiaram, outros protestaram e outros ainda ignoraram.

Na segunda metade dos anos 1970, a partir do governo Geisel (1974-79), acentuou-se a parcela de políticos, antes favorável à ditadura, empenhada no sentido de restaurar o regime democrático.

Em 1979 os atos institucionais foram revogados. Não existiam mais presos políticos. O Poder Judiciário recuperou sua autonomia. Deu-se início a um processo de "transição democrática" que durou até 1988, quando uma nova Constituição foi aprovada por representantes eleitos da sociedade.

Muitos consideram o ano de 1985 como o marco do fim do regime, pois se encerrou o mandato do último general presidente. Assumiu o político maranhense José Sarney, um dos principais dirigentes civis do regime e da época. Há muito tempo não havia mais "ditadura" e os militares saíram do governo da mesma forma como entraram: com o apoio de grande parte da sociedade civil.

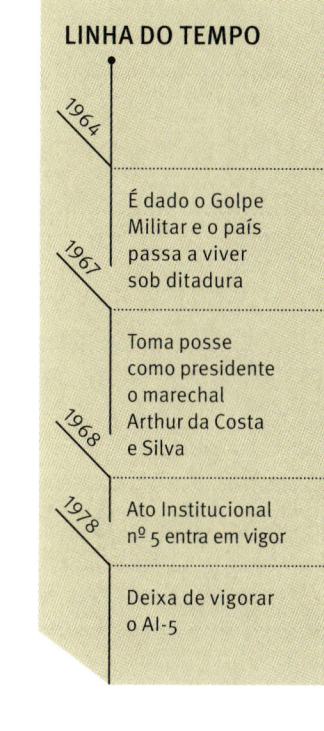

LINHA DO TEMPO

- **1964** — É dado o Golpe Militar e o país passa a viver sob ditadura
- **1967** — Toma posse como presidente o marechal Arthur da Costa e Silva
- **1968** — Ato Institucional nº 5 entra em vigor
- **1978** — Deixa de vigorar o AI-5

Jornais usavam de artimanhas para driblar a censura: na edição acima, manchete sobre o AI-5.

1992 — RENÚNCIA DE FERNANDO COLLOR DE MELLO

Campanha midiática, denúncias de corrupção, protestos em massa, renúncia: eis a passagem de Fernando Collor de Mello pela presidência do Brasil.

☞ **PAULO CÉSAR FARIAS**

O empresário tornou-se conhecido porque foi tesoureiro da campanha de Fernando Collor de Mello à presidência da República. Conforme denúncias do irmão do presidente, Pedro Collor de Mello, ele teria sido testa de ferro em diversos esquemas de corrupção. Morreu em 1996, assassinado, aos cinquenta anos.

Símbolo da "modernidade e do moralismo", Collor toma posse em março de 1990.

Depois de um quarto de século, a eleição que definiu o sucessor do presidente José Sarney foi polarizada por forças de direita e esquerda. Tumultos no campo e a fundação da União Democrática Ruralista (UDR), nascida em resposta ao Movimento dos Trabalhadores Rurais Sem Terra, agudizavam o clima de insegurança.

A vitória do Partido dos Trabalhadores para a prefeitura de São Paulo em 1988 fez os empresários reunidos na Federação das Indústrias de São Paulo engrossar o discurso anticomunista. Eles ameaçavam deixar o país, em massa. No clima de insegurança entre as elites agrárias e empresariais, surgiu um candidato capaz de realinhar as forças políticas: Fernando Collor de Mello.

O CAÇADOR DE MARAJÁS

Descendente de uma família de políticos de projeção nacional – neto de Lindolfo Collor, o mais ativo ministro do Trabalho na era Vargas –, aos 39 anos Collor já tinha sido prefeito indicado de Maceió, deputado e prefeito eleito de Alagoas.

Ancorado em violentos discursos contra o governo "conservador" de Sarney, o jovem bem-apessoado e dinâmico, em contraste com antigos líderes como o "doutor Ulysses Guimarães" e o "engenheiro Leonel Brizola" erigiu uma bandeira: "caçar marajás", ou seja, defenestrar o alto funcionalismo que vampirizava salários e benesses nos escalões alagoanos.

O tema era de gosto popular e a mídia recebeu o fotogênico político de braços abertos. Com um discurso moderno e neoliberal, Collor esbravejava contra as elites, mas as conquistava ao mesmo tempo. Pois seu adversário, Luiz Inácio "Lula" da Silva, ex-sindicalista e torneiro mecânico, era tudo o que amedrontava as classes dominantes sinalizando a chegada de uma "república sindicalista".

Símbolo da "modernidade e do liberalismo", o "furacão Collor" varreu o país. Prometendo matar a inflação "com um só tiro", obteve 51,5% dos votos válidos contra 48,5% de Lula e, em 18 de dezembro de 1989, tornou-se o primeiro presidente eleito por voto direto desde Jânio Quadros. Delegações de 120 países, incluindo presidentes e chefes de Estado, assistiram à cerimônia de posse.

PRIMEIRA MEDIDA: CONGELAMENTO DAS POUPANÇAS

Em 15 de março de 1990 foi baixado o Plano Collor, de autoria da equipe da ministra da Economia, Zélia Cardoso de Mello: simplesmente, o mais duro choque da história econômica do país.

Bloqueou por 18 meses os valores das contas bancárias e das poupanças superiores a 50 mil cruzados, voltando o cruzeiro a ser a moeda nacional; também, as operações financeiras, inclusive o *overnight*; tabelou os preços pelos níveis praticados em março, cabendo exclusivamente ao governo qualquer reajuste; estabelecia multas pesadas e até prisão para empresas ou indivíduos que infringissem as disposições do Plano Collor; as aplicações financeiras, inclusive a poupança popular, passaram a pagar o Imposto sobre Operações Financeiras (IOF); eliminou todos os subsídios; taxou os ganhos na agricultura e nas bolsas de valores; suprimiu vários órgãos.

Em outra medida polêmica, o governo proibia o Poder Judiciário de conceder mandatos de segurança e ações cautelares contra o Plano. Foi uma das mais radicais intervenções nos direitos civis dos brasileiros jamais realizadas.

Houve reações. Em 11 dias, 53 supermercados fluminenses foram saqueados. E 19 mil trabalhadores na construção civil paranaense, dispensados. Já em outubro, ministros nomeados "para ficar até o último dia de governo" despediam-se. Joaquim Roriz, da pasta da Agricultura, foi o primeiro.

Os caras-pintadas protestam pedindo *impeachment* do presidente, que acabaria renunciando.

O primeiro ano de governo alternou medidas saneadoras e de impacto junto à opinião pública com insucessos no combate à inflação. Entre as primeiras, destacam-se a venda de veículos, de apartamentos e de mansões oficiais, a diminuição de 23 para 12 ministérios, o financiamento para pequenos agricultores via o chamado projeto Parceria, a criação do Ministério da Criança, a quebra do privilégio para abertura de postos de serviços para automóveis, a livre entrada no país de 1.800 produtos até então proibida, a antecipação do fim da reserva de mercado para a informática, o reconhecimento de patentes estrangeiras da indústria farmacêutica, a livre comercialização de telefones entre particulares, entre outras.

Enquanto greves sacudiam o país, a inflação não baixava. A escalada inflacionária não arrefeceu. O ano terminou com o número oficial de 1.198,54%.

DENÚNCIAS DE CORRUPÇÃO: OS "CARAS-PINTADAS" GANHAM AS RUAS

A década mergulhou em conflitos: saques a supermercados, greves e invasões de terras. A riqueza se concentrou. Os 10% mais ricos detinham 53,2% da riqueza nacional e os 10% mais pobres, 0,6%. No final de 1990, o governo anunciou o Plano Nacional de Produção e Recuperação de Loteamentos, acenando com 100 mil lotes para a população de baixa renda.

Se projetos se acumulavam para os anos vindouros, a base de sustentação política se desidratava. O agravamento da recessão e a denúncia de corrupção nos altos escalões minavam o governo Collor.

Em maio de 1992, o irmão do presidente, Pedro Collor, entregou à imprensa documentos que revelavam negociatas do tesoureiro da campanha e braço direito do presidente, Paulo César Farias. Neles, revelava-se um sistema de enriquecimento ilícito que envolvia Fernando Collor e seus acólitos.

Atividades ilegais entre Farias e o governo foram detectadas pela Polícia Federal e uma Comissão Parlamentar de Inquérito. As despesas da primeira-dama também se confundiam com as da Legião Brasileira de Assistência, associação de caridade que ela presidia.

Investigações revelaram que a fraude capitaneada pelo presidente montava a 6,5 milhões de dólares. Collor começou a cair verticalmente. Associações de jornalistas, a Ordem dos Advogados do Brasil e estudantes com o rosto pintado de preto, os "caras-pintadas", moveram uma campanha pública e incansável para tirá-lo do poder.

Encabeçado pela União Nacional dos Estudantes e pela União Brasileira dos Estudantes Secundaristas, o movimento dos caras-pintadas começou a tomar forma em 29 de maio, quando ocorreu a primeira reunião dos estudantes. Dois meses e meio depois, eles foram às ruas – em grande número.

Em agosto de 1992, a oposição pediu a abertura de um processo de *impeachment*, aprovado pela Câmara dos Deputados em 29 de setembro. Acusado de "crime de responsabilidade" e afastado da presidência, Collor foi substituído pelo vice, Itamar Franco.

Em dezembro, antes da votação do processo pelo Senado, ele fez chegar à Câmara seu pedido de renúncia. Mas o julgamento prosseguiu, condenando-o à inelegibilidade para o exercício de qualquer cargo público por oito anos. Como bem disse um conhecido jornalista, ele chegou a Brasília pelos braços do povo. De lá sairia pelos braços do povo.

LINHA DO TEMPO

1985 — Com o fim da Ditadura Militar, Tancredo Neves é eleito, por votação indireta de um colégio eleitoral, presidente da República. Ele falece antes de tomar posse e o posto é assumido por seu vice, José Sarney

1989 — Nas primeiras eleições diretas para a presidência desde a que elegeu Jânio Quadros, Fernando Collor derrota Lula

1990 — Collor assume e toma uma atitude econômica que choca: o congelamento das poupanças

1992 — Em meio a denúncias de corrupção e pressão popular por *impeachment*, Collor renuncia; assume seu vice, Itamar Franco

REFERÊNCIAS BIBLIOGRÁFICAS

1968 – Ato Institucional 5. Disponível em: <www1.folha.uol.com.br/folha/treinamento.hostsites/ai5/index.html>. Acesso em 6 ago. 2012.

ABREU, Capistrano de. *Descobrimento do Brasil*. Rio de Janeiro: Sociedade Capistrano de Abreu, 1929.

ALENCASTRO, Luis Felipe. *O trato dos viventes*. São Paulo: Companhia das Letras, 2000.

AMADO, Janaína; FIGUEIREDO, Luís Carlos. *Brasil, 1500*: 40 documentos. Brasília: Editora Universidade de Brasília; São Paulo: Imprensa Oficial do Estado de São Paulo, 2001.

ARAUJO, Maria Celina d'; CASTRO, Gláucio A. D. e. *Visões do golpe*: a memória militar de 1964. Rio de Janeiro: Relume-Dumará, 1994.

ASSUNÇÃO, Paulo; FRANCO, José Eduardo. *As metamorfoses de um polvo*: religião e política nos Regimentos da Inquisição Portuguesa, sec. XVI-XIX. Lisboa: Prefácio, 2004.

AZEVEDO, Célia Marinho de. *Onda negra, medo branco*. O negro no imaginário das elites, século XIX. Rio de Janeiro: Paz e Terra, 1987.

BEOZZO, José Oscar. O Diálogo da Conversão do gentio: a evangelização entre a persuasão e a força. In: SUESS, Paulo et al. *Conversão dos cativos*: povos indígenas e missão jesuítica. São Bernardo do Campo: Nhanduti, 2009.

BETHENCOURT, Francisco. *História das inquisições*: Portugal, Espanha e Itália – séculos XV-XIX. São Paulo: Companhia das Letras, 2000.

BOSI, Alfredo. *Dialética da colonização*. São Paulo: Companhia das Letras, 1992.

BUENO, Eduardo. *Brasil, uma história*: a incrível saga de um país. São Paulo: Ática, 2003.

_____. *A viagem do descobrimento*: a verdadeira história da esquadra de Cabral. Rio de Janeiro: Objetiva, 1998.

BURTON, Richard F., sir. *Cartas dos campos de batalha do Paraguai*. Rio de Janeiro: Bibliex, 1997.

CANABRAVA, Alice P. Introdução; Vocabulário. In: ANTONIL, André João. *Cultura e opulência no Brasil*. São Paulo: Companhia Editora Nacional, 1967.

CARVALHO, José Murilo de (Coord.). *A construção nacional 1830-1889*. Rio de Janeiro: Fundação Mapfre; Objetiva, 2012. (História do Brasil Nação: 1808-2010, v. 2).

CARVALHO, José Murilo de. *A construção da ordem*: a elite política imperial. Rio de Janeiro: Campus, 1980.

_____. *A formação das almas*: o imaginário da república no Brasil. São Paulo: Companhia das Letras, 1990.

_____. *Os bestializados*: o Rio de Janeiro e a República que não foi. São Paulo: Companhia das Letras, 1987.

CARVALHO, Laerte Ramos de. Ação missionária e educação. In: HOLANDA, Sérgio Buarque de (Dir.). *História geral da civilização brasileira*. São Paulo: Difel, 1976. v. I: A época colonial.

CERQUEIRA, Dionísio. *Reminiscências da campanha do Paraguai*. Rio de Janeiro: Bibliex, 1980.

CHALHOUB, Sidney. *Visões da liberdade*: uma história das últimas décadas da escravidão na Corte. São Paulo: Companhia das Letras, 1999.

CHOR, MAGNOLI, Demétrio. *Uma gota de sangue*: história do pensamento racial. São Paulo: Contexto, 2009.

CONCEIÇÃO, Adriana Angelita da. *Sentir, escrever e governar*: a prática epistolar e as cartas de D. Luís de Almeida, II Marques do Lavradio, 1768-1779. Tese (doutorado) – Faculdade de Filosofia, Letras e Ciências Humanas, Universidade de São Paulo, São Paulo, 2011.

CONRAD, Robert. *Os últimos anos da escravatura no Brasil 1850-1888*. Rio de janeiro: Civilização Brasileira; INL, 1975.

CORTESÃO, Jaime. *A carta de Pero Vaz de Caminha*. Rio de Janeiro: Livros de Portugal, 1943.

CUNHA, Pedro Otávio Carneiro da. A fundação de um império liberal. In: HOLANDA, Sérgio Buarque de (Dir.). *História geral da civilização brasileira*. São Paulo: Difel, 1976. t. II, v. 3.

DEAN, Warren. *A ferro e fogo*: a história e a devastação da mata atlântica brasileira. São Paulo: Companhia das Letras, 1995.

DIAS, Luiz Antonio. A salvação da pátria. *Revista da Biblioteca Nacional*, ano 7, n. 83, ago. 2012.

DOIN, José Evaldo de Mellon et al. A Belle Époque caipira: problematizações e oportunidades interpretativas da modernidade e urbanização no Mundo do Café (1852-1930) – a proposta do Cemumc. *Revista Brasileira de História*, São Paulo, v. 27, n. 53, jan./jun. 2007. Versão on-line. Disponível em <http://www.scielo.br/scielo.php?script=sci_arttext&pid=S0102-01882007000100005&lng=es&nrm=iso&tlng=pt>. Acesso em 6 ago. 2012.

DORATIOTO, Francisco. *Maldita guerra*. São Paulo: Companhia das Letras, 2002.

ELTIS, David et al. *Transatlantic slave database*. Londres: Cambridge University Press, 1999.

ENDERS, Armelle. *A nova história do Brasil*. Rio de Janeiro: Gryphus, 2012.

FAUSTO, Boris. *História do Brasil*. São Paulo: Edusp; FDE, 1996.

FAUSTO, GOMES, Angela de Castro (Org.). *Vargas e a crise dos anos 50*. Rio de Janeiro: Relume-Dumará, 1994

FERRARI, Irani; NASCIMENTO, Amauri M.; MARTINS FILHO, Ives Gandra. *História do trabalho, do direito do trabalho e da justiça do trabalho*. São Paulo: LTR, 1998.

FICO, Carlos. Versões e controvérsias sobre 1964 e a ditadura militar. *Revista Brasileira de História*, São Paulo, v. 24, n. 47, p. 39-60, 2004.

FIGUEIREDO, Lucas. *Boa ventura!* A corrida do ouro no Brasil (1697-1810). Rio de Janeiro: Record, 2011.

FLORENTINO, Manolo. *Em costas negras*: uma história do tráfico de escravos entre Angola e o Rio de Janeiro. São Paulo: Companhia das Letras, 1997.

_____; GÓES, José Roberto. *A paz nas senzalas*. Rio de Janeiro: Civilização Brasileira, 1997.

FRAGOSO, João Luís R.; BICALHO, Maria Fernanda Baptista; GOUVÊA, Maria de Fátima Silva (Org.). *O antigo regime nos trópicos*: a dinâmica imperial portuguesa (séculos XVI a XVIII). Rio de Janeiro: Civilização Brasileira, 2001.

FRANCO JÚNIOR, Hilário. *A dança dos deuses*: futebol, sociedade e cultura. São Paulo: Companhia das Letras, 2007.

FRANZINI, Fábio. *Corações na ponta da chuteira*: capítulos iniciais da história do futebol brasileiro (1919-1938). Rio de Janeiro: DP&A, 2003.

FREITAS, Jordão de. *A expedição de Martim Afonso de Souza 1500-1533*. Lisboa: J. Fonseca Saraiva, n.d. v. III.

FURTADO, João P. *O manto de Penélope*: história, mito e memória da Inconfidência Mineira 1788-1789. São Paulo: Companhia das Letras, 2002.

GAMBINI, Roberto. *O espelho do índio*: os jesuítas e a destruição da alma indígena. Rio de Janeiro: Espaço e Tempo, 1988.

GARCIA, Rodolpho. Introdução. *Primeira Visitação do Santo Ofício às partes do Brasil, Denunciações e confissões de Pernambuco*. Recife: Fundarpe, 1984.

GASPARI, Élio. *A ditadura envergonhada*. São Paulo: Companhia das Letras, 2002.

GUEDES, Simone Lahud. *O Brasil no campo de futebol*: ensaios sobre o s significados do futebol brasileiro. Niterói: Eduff, 1998.

HERKENHOFF, Paulo (Org.). *Brasil-holandês*. Rio de Janeiro: Index/Vitae, 1999.

HOLANDA, Sérgio Buarque de. As primeiras expedições. In: HOLANDA, Sérgio Buarque de (Dir.). *História geral da civilização brasileira*. São Paulo: Difel, 1976. v. I: A época colonial.

_____. *O Brasil monárquico*: o processo de emancipação. São Paulo: Difusão Europeia do Livro, 1976.

_____. O descobrimento do Brasil. In: HOLANDA, Sérgio Buarque de (Dir.). *História geral da civilização brasileira*. São Paulo: Difel, 1976. t. I.

IZECKSOHN, Vitor. *O cerne da discórdia*: a Guerra do Paraguai e o núcleo profissional do Exército brasileiro. Rio de Janeiro: E-papers, 2002.

_____; CASTRO, Celso; KAY, Hendrick (Org.). *Nova história militar brasileira*. Rio de Janeiro: FGV; Bom Texto, 2004.

KARASH, MACHADO, Maria Helena. *O plano e o pânico*: os movimentos sociais na década da Abolição. São Paulo: Edusp, 1994.

KLEIN, Herbert; LUNA, Francisco Vidal. *Evolução da sociedade e economia escravista de São Paulo, 1750-1850*. São Paulo: Edusp, 2006.

LAGO, Bia Correa do; LAGO, Pedro Correa do. *Frans Post – obra completa (1612- 1680)*. Rio de Janeiro: Capivara, 2006.

LEITE, Serafim. *Cartas dos primeiros jesuítas no Brasil*. São Paulo: Comissão do IV Centenário da Cidade, 1954. 3 v.

_____. *História da Companhia de Jesus no Brasil*. Lisboa: Portugália; Rio de Janeiro: Civilização Brasileira, 1938.

LIMA, Manuel de Oliveira. *O Império brasileiro*. São Paulo: Edusp, 1989.

LIMA, Oliveira. *D. João VI no Brasil*. Rio de Janeiro: Topbooks, 2006.

LINHARES, Maria Yedda (Org.). *História geral do Brasil*. Rio de Janeiro: Campus, 2000.

LUSTOSA, Isabel. *D. Pedro I*. São Paulo: Companhia das Letras, 2007.

LUZ, Alex Faverzani da; SANTIN, Janaína Rigo. As relações de trabalho e sua regulamentação no Brasil a partir da revolução de 1930. *História*, Franca, v. 29, n. 2, dez. 2010.

MAIO, Marcos; SANTOS, Ricardo Ventura (Org.). *Raça, ciência e sociedade*. Rio de Janeiro: Fiocruz, 1996.

MALERBA, Jurandir. *A Corte no exílio*: civilização e poder no Brasil às vésperas da Independência. São Paulo: Companhia das Letras, 2000.

MARQUÊS DO LAVRADIO. *Cartas da Bahia (1768-1769)*. Rio de Janeiro: Arquivo Nacional, 1972. (Publicações Históricas n. 68).

_____. *Cartas do Rio de Janeiro (1769-1770)*. Rio de Janeiro: Arquivo Nacional, 1975. (Publicações Históricas n. 79). v. 1.

_____. *Cartas do Rio de Janeiro (1769-1776)*. Rio de Janeiro: Secretaria Estadual de Educação e Cultura, 1978.

MARTINO, Agnaldo; SAPATERRA, Ana Paula. História da censura no Brasil no período colonial. *Revista de Estudos Linguísticos*, n. XXXV, p. 234-243, 2006.

MARY C. *A vida dos escravos no Rio de Janeiro, 1808-1850*. São Paulo: Companhia das Letras, 2000.

MATTOS, Hebe Maria. *Das cores do silêncio*: os significados da liberdade no sudeste escravista. Brasil século XIX. Rio de Janeiro: Nova Fronteira, 1998.

MAUAD, Ana Maria. Imagem e autoimagem do Segundo Reinado. In: ALENCASTRO, Luis Felipe de (Coord.). *Império*: a Corte e a modernidade nacional. São Paulo: Companhia das Letras, 1997. (História da vida privada no Brasil, v. II).

MAXWELL, Kenneth. *A devassa da devassa*. Rio de Janeiro: Paz e Terra, 1973.

MELLO, Evaldo Cabral de. *Olinda restaurada*: guerra e açúcar no Nordeste. Rio de Janeiro: Forense; São Paulo: Edusp, 1975.

_____. *Rubro veio*: o imaginário da restauração pernambucana. Rio de Janeiro: Nova Fronteira, 1986.

MELLO, José Antonio Gonçalves de. O domínio holandês na Bahia e no Nordeste. In: HOLANDA, Sérgio Buarque de (Dir.). *História geral da civilização brasileira*. São Paulo: Difel, 1976. v. I: A época colonial.

_____. *Tempo dos flamengos*: influência da ocupação holandesa na vida e cultura do Norte do Brasil. Recife: Fundaj; Massangana, 1987.

MELO, Victor Andrade (Org.). *História comparada do esporte*. Rio de Janeiro: Shape, 2007.

MELO, Victor Andrade de. *Cidade sportiva*: primórdios do esporte no Rio de Janeiro. Rio de Janeiro: Relume-Dumará, 2001.

_____. *Dicionário do esporte no Brasil*. Campinas: Autores Associados, CCS-UFRJ, 2007.

MOREAU, Filipe Eduardo. *Os índios nas cartas de Nóbrega e Anchieta*. São Paulo: AnnaBlume, 2003.

NEEDELL, J. *Belle Époque tropical*: sociedade e cultura de elite no Rio de Janeiro na virada do século. São Paulo: Companhia das Letras, 1993.

NEGRO, Antonio Luigi; GOMES, Flávio. Além de senzalas e fábricas: uma história social do trabalho. *Tempo Social* – Revista de Sociologia da USP, v. 18, n. 1, p. 217-240, jun. 2006.

NORTON, Luís. *A Corte de Portugal no Brasil*. São Paulo: Companhia Editora Nacional, 1977.

NOZOE, Nelson. Sesmarias e a posse de terras no Brasil colonial. *Revista Economia*, Distrito Federal, v. 7, n. 3, p. 587-605, set./dez. 2006.

O'GORMAN, Edmundo. *A invenção da América*. São Paulo: Unesp, 1992.

PEREIRA, Lúcia Bastos; MACHADO, Humberto. *O império do Brasil*. Rio de Janeiro: Nova Fronteira, 1999.

PORTO, Costa. *O sistema sesmarial no Brasil.* Brasília, DF: Editora Universidade de Brasília, 1979.

PRIORE, Mary del. *A carne e o sangue*: a imperatriz d. Leopoldina, d. Pedro e a marquesa de Santos. Rio de Janeiro: Rocco, 2012.

_____. *História do amor no Brasil.* São Paulo: Contexto, 2002.

_____. Transformações da paternidade no Brasil. In: PRIORE, Mary del; AMANTINO, Márcia (Org.). *História dos homens no Brasil.* São Paulo: Unesp, 2013.

_____. *Visconde de Taunay.* Rio de Janeiro: ABL; Governo do Estado de São Paulo, 2011.

_____; MELO, Victor Andrade de (Org.). *História do esporte no Brasil.* São Paulo: Unesp, 2009.

_____; PIRES, Tasso Fragoso; CANDURU, Roberto. *Fazendas do Império.* Rio de Janeiro, Fadel, 2010.

_____; VENÂNCIO, Renato. *Ancestrais*: uma introdução à história da África Atlântica. Rio de Janeiro: Campus; Elsevier, 2004.

_____; VENÂNCIO, Renato. *Uma breve história do Brasil.* São Paulo: Planeta, 2010.

_____; VENÂNCIO, Renato. *Uma história da vida rural no Brasil.* Rio de Janeiro: Ediouro, 2006.

RAU, Virginia. *Sesmarias medievais portuguesas.* Lisboa: Editorial Presença, 1982.

REIS, Daniel Aarão. *Ditadura militar, esquerdas e sociedade.* Rio de Janeiro: Zahar, 2000.

_____. O sol sem peneira. *Revista da Biblioteca Nacional,* ano 7, n. 83, ago. 2012.

REIS, Paulo César dos. *Ciências e saberes no Rio de Janeiro Setecentista*: o caso da Academia Científica do Rio de Janeiro (1771-1779). Dissertação (mestrado) – Programa de Pós-Graduação Lato Sensu em História Social, Universidade Federal Fluminense, Niterói, 2010. Versão eletrônica. Disponível em <http://www.calameo.com/books/001541 01295bdf8ebd71a>. Acesso em 6 ago. 2012.

ROCHA, Gilmar. Nação, tristeza e exotismo no Brasil da Belle Époque. Varia Historia, Belo Horizonte, n. 24, p.172-189, jan. 2001.

RODRIGUES, André Figueiredo. *A fortuna dos Inconfidentes*: caminhos e descaminhos dos bens dos conjurados mineiros (1760--1850). São Paulo: Globo, 2010.

ROMEIRO, Adriana; BOTELHO, Ângela Vianna. *Dicionário histórico das Minas Gerais*: período colonial. Belo Horizonte: Autêntica, 2003.

RUSSELL-WOOD, Anthony John R. Governantes e agentes. In: BETHENCOURT, Francisco; KERTI, Chauduri (Coord.). *História da expansão portuguesa.* Lisboa: Círculo dos Leitores, 1997. v. III.

SALLES, Ricardo. *Guerra do Paraguai, memórias e imagens.* Rio de Janeiro: Edições da Biblioteca Nacional, 2003.

SANTANA Miriam Ilza. *Golpe da Maioridade.* 17 mar. 2008. Infoescola. Disponível em <http://www.infoescola.com/historia/golpe-da-maioridade/>. Acesso em 6 ago. 2012.

SANTOS, Marília Nogueira dos. *O Império na ponta da pena*: cartas e regimentos dos governadores-gerais do Brasil. Tempo – Revista do Departamento de História da UFF, v. 14, n. 27, p. 101-117, 2009.

SCHNOOR, Eduardo. *Na penumbra*: o entrelace de famílias e negócios. Vale do Paraíba 1770-1840. Tese (doutorado) – Faculdade de Filosofia, Leltras e Ciências Humanas, Universidade de São Paulo, São Paulo, 2005.

SCHULTZ, Kirsten. *Versailles tropical*: império, monarquia e a Corte portuguesa no Rio de Janeiro. Rio de Janeiro: Civilização Brasileira, 2008.

SCHWARCZ, Lilia Moritz (Org.). *Contrastes da intimidade contemporânea.* São Paulo: Companhia das Letras, 1998. (História da vida privada no Brasil, v. IV).

SCHWARCZ, Lilia Moritz. *Retrato em branco e negro*: jornais, escravos e cidadãos em São Paulo no século XIX. São Paulo: Círculo do Livro, 1989.

SEVCENKO, Nicolau (Coord.). *República*: da Belle Époque à era do rádio. São Paulo: Companhia das Letras, 2001. (História da vida privada no Brasil, v. 3).

SILVA, Maria Beatriz Nizza da (Coord.). *Dicionário da colonização portuguesa no Brasil.* Lisboa: Verbo, 1994.

SILVA, Maria Beatriz Nizza da (Org.). *De Cabral a Pedro I*: aspectos da colonização portuguesa no Brasil. Porto: Universidade Portucalense, 2001.

SILVA, Maria Beatriz Nizza da. *Dicionário da história da colonização portuguesa no Brasil.* Lisboa: Verbo, 1994.

___; JOHNSON, Harold (Coord.). *O império luso-brasileiro*. Direção de Joel Serrão e A. H. de Oliveira Marques. Lisboa: Editorial Estampa, 1992.

SIMONSEN, Roberto. *História econômica do Brasil 1500-1820*. São Paulo: Companhia Editora Nacional, 1969.

SIQUEIRA, Maria Isabel de. Considerações sobre ordem em colônias: a legislações na exploração do pau-brasil. *Clio – Revista de Pesquisa Histórica*. ISBN 0102-9487.

SIQUEIRA, Sonia *A Inquisição portuguesa e a sociedade colonial*. São Paulo: Ática, 1978.

SLEMIAN, Andréa. *Sob o império das leis*: Constituição e unidade nacional na formação do Brasil (1822-1834). São Paulo: Hucitec; Fapesp, 2009.

SOUZA, Bernardino. *O pau-brasil na história nacional*. São Paulo: Companhia Editora Nacional, 1939.

SOUZA, Laura de Mello e. *O Diabo e a Terra de Santa Cruz*. São Paulo: Companhia das Letras, 1986.

SOUZA, Pero de. *Diário de navegação da armada que foi a terra do Brasil em 1530 sob a capitania-mor de Martim Affonso de Souza por...* Edição de Francisco Adolfo de Varnhagen. 1839.

STEIN, Stanley. *Grandeza e decadência do café no vale do Paraíba*. São Paulo: Brasiliense, 1961.

___. *Vassouras*: um município brasileiro do café, 1850-1900. Rio de Janeiro: Nova Fronteira, 1990.

TAUNAY, Affonso de E. Estudo biobibliográfico. In: ANTONIL, André João. *Cultura e opulência no Brasil*. São Paulo: Melhoramentos; Brasília: INL, 1976.

___. *História do café no Brasil*. Rio de Janeiro: Departamento Nacional do Café, 1939, 12 v.

TAUNAY, Carlos Augusto. *Manual do agricultor brasileiro*. Organização e notas de Rafael Bivar Marquese. São Paulo: Companhia das Letras, 2001.

SKIDMORE, Thomas E. *Preto no branco*: Raça e nacionalidade no pensamento brasileiro, Rio de Janeiro, Paz e Terra, 1976.

TODOROV, Tzvetan. *A conquista da América*: a questão do outro. São Paulo: Martins Fontes, 2010.

VAINFAS, Ronaldo. *A heresia dos índios*: catolicismo e rebeldia no Brasil. São Paulo: Companhia das Letras, 1995.

___. *Trópico dos pecados: moral, sexualidade e Inquisição no Brasil*. Rio de Janeiro: Nova Fronteira, 1997.

___; NEVES, Lúcia Bastos. *Dicionário do Brasil joanino, 1808-1821*. Rio de Janeiro: Objetiva, 2008.

VIANNA, Hélio. *História do Brasil*. São Paulo: Melhoramentos, 1994.

VIEIRA, Fernando Gil Portela. Análise historiográfica da Primeira Visitação da Inquisição ao Brasil (1591-1595). *História, Imagens e Narrativas*, ano I, n. 2, p. 45-70, abr. 2006.

VILAÇA, Fabiano. *Fontes para a história da administração colonial*: comentários sobre o Fundo Marquês do Lavradio do Arquivo Nacional. Disponível em: <www.klepsidra.net>. Acesso em 6 ago. 2012.

MEMORABILIA

Item 1. Cartas do Marquês de Lavradio, de 1773, sobre as dificuldades financeiras para manter as capitanias do Rio de Janeiro, São Paulo e Rio Grande.

Item 2. Carta Régia, de 1808, que autoriza a impressão no Brasil, inaugurando o surgimento da imprensa no país.

Item 3. Manifesto do Fico, de 1822, em que o príncipe regente d. Pedro I avisa a d. João VI que, para a felicidade geral da nação, ele está pronto para trabalhar pelo Brasil até a morte.

Item 4. Carta-juramento da imperatriz Maria Leopoldina, de 1824, em que promete ser fiel à Constituição da Nação Brasileira e ao imperador d. Pedro I.

Item 5. Projeto da Constituição Monárquica, de 1823, de autoria de frei Francisco de Santa Teresa Jesus Sampaio.

Item 6. Cartas do jovem d. Pedro II ao seu pai, em que relata sua rotina com o tutor e as saudades que sente da família, datadas de 1831.

Item 7. *Jornal do Commercio*, de 20 de julho de 1841, com a matéria sobre o Golpe da Maioridade e a coroação de d. Pedro II.

Item 8. Matrícula especial de propriedade de escravos, em cumprimento ao Regulamento de 1º de dezembro de 1871, complementar à Lei do Ventre Livre.

Item 9. Mapa da Batalha de Tuyuty, de 1866, mostrando o posicionamento da artilharia do exército imperial e a lista dos comandantes brasileiros na primeira fase da Guerra do Paraguai.

Item 10. Carta de Duque de Caxias de 6 de janeiro de 1868, justificando sua ausência à esposa e a necessidade de permanecer na Guerra do Paraguai.

Item 11. Lei Áurea assinada pela princesa Isabel em 13 de maio de 1889, decretando a extinção da escravidão no Brasil.

Item 12. Jornal *Correio do Povo*, de 16 de novembro de 1889, anunciando a deposição da dinastia imperial e comemorando a Proclamação da República.

Item 13. Propaganda da Papelaria Duprat, com desenhos no estilo *art nouveau*, movimento estético que marcou a Belle Époque no fim do século XIX.

Item 14. Carta-testamento de Getúlio Vargas, de 13 de abril de 1945, escrita quatro meses antes de seu suicídio.

Item 15. Carta de Jânio Quadros, de 25 de agosto de 1961, endereçada ao Congresso Nacional, em que renuncia ao mandato de Presidente da República.

Item 16. *Jornal do Brasil*, de 14 de dezembro de 1968, anunciando o Ato Institucional nº 5 (AI-5), que revogou todos os direitos políticos dos cidadãos e fechou o Congresso Nacional.

CRÉDITOS DAS IMAGENS

Capa: mapa das capitanias hereditárias © Luís Teixeira/Biblioteca da Ajuda

AMÉRICA PORTUGUESA

p. 10: Pero Vaz de Caminha © Domínio público; *Desembarque de Pedro Álvares Cabral em Porto Seguro em 1550* © Oscar Pereira da Silva/Museu Paulista; **p. 11**: *Vasco da Gama em Calcutá* © Fragonard/Biblioteca Nacional de Portugal; **p. 12**: Martim Afonso de Souza © *Diário da navegação da armada que foi à terra do Brasil em 1530 sob a Capitania-Mor de Martin Afonso de Souza*; *Fundação de São Vicente* © Benedito Calixto/Museu Paulista; **p. 13**: *João Ramalho* © José Wasth Rodrigues/Museu Paulista; **p. 14**: Manoel da Nóbrega © Domínio público; *Estácio de Sá parte de São Vicente para combater os franceses no Rio de Janeiro* © Benedito Calixto/Palácio São Joaquim; **p. 15**: *Aldeia dos tapuias* © Johann Moritz Rugendas; **p. 16**: Jean de Léry © Domínio público; *Vista de Niterói* © Richard Bate; **p. 17**: *Combate entre índios* © Andre Thevet; **p. 18**: Cardeal d. Henrique © Universidade de Évora; *Representação de um auto de fé* © Biblioteca Nacional de Portugal; **p. 19**: Inquisição em Goa © *Relation de l'Inquisition de Goa*.

PERÍODO COLONIAL

p. 22: D. Felipe III © Juan Pantoja de la Cruz/Museu do Prado; *Índios extraem pau-brasil no Rio de Janeiro* © Andre Thevet; **p. 23**: *Terra Brasilis* © Atlas Miller; **p. 24**: *Retrato de João Maurício de Nassau* © Pieter Nason; Vila de Igaraçu © Franz Post/Biblioteca Nacional; **p. 25**: *Rerum per octennivm in Brasilia* © Biblioteca Nacional; **p. 26**: Antonil © Domínio público; *Engenho de açúcar* © Henry Koster; **p. 27**: *Escravos britadores de pedra* © Carlos Julião/Biblioteca Nacional; **p. 28**: Marquês de Lavradio © Biblioteca Nacional de Portugal; *Mosteiro de São Bento e Fortaleza de São José na Ilha das Cobras* © Richard Bate; **p. 29**: *Entrada do Arsenal da Guerra* © P. G. Bertichem; **p. 30**: Tiradentes © Domínio público; *Leitura da sentença dos Inconfidentes* © Eduardo de Sá/Museu Histórico Nacional; **p. 31**: *Alferes Tiradentes* © José Wasth Rodrigues/Museu Histórico Nacional;

PRIMEIRO REINADO

p. 34: D. João VI © Simplício Rodrigues de Sá/Pinacoteca do Estado de São Paulo; *Partida de d. João VI para o Brasil* © Aluísio Cunego; **p. 35**: *Gazeta do Rio de Janeiro* © Biblioteca Nacional; **p. 36**: D. João VI © Jean Baptiste Debret; **p. 37**: *D. Maria I* © José Leandro de Carvalho/Museu Histórico Nacional; Projeto de Constituição de 1823 © Arquivo Nacional; **p. 38**: Cipriano Barata © Domingos Sequeira/Museu Nacional de Arte Antiga; *Os mártires* © Antonio Parreiras/Museu Antônio Parreiras; **p. 39**: Bandeira © José Wasth Rodrigues; **p. 40**: D. Pedro I © Simplício Rodrigues de Sá/Museu Imperial de Petrópolis; Chegada da Junta Provisional © Antônio Cândido Cordeiro Pinheiro Furtado; **p. 41**: *Sessão das Cortes de Lisboa* © Oscar Pereira da Silva/Museu Paulista; **p. 42**: Benjamin Constant © Domínio público; *A Proclamação da Independência* © François René-Moreaux/Museu Imperial; **p. 43**: Sagração de d. Pedro I © Jean Baptiste Debret; **p. 44**: D. Pedro II © Félix Émile Taunay/Museu Imprerial; D. Francisca, Pedro II e d. Januária © Lemercier/Félix-Émile Taunay/Museu Imperial; **p. 45**: *Retrato de dona Leopoldina de Habsburgo e seus filhos* © Domenico Failutti/Museu Paulista.

SEGUNDO REINADO

p. 48: Antônio Carlos de Andrada e Silva © Sebastien Auguste Sisson; Aclamação de d. Pedro II © Jean Baptiste Debret; **p. 49**: *Proclamação da República dos Farrapos* © Antônio Parreiras/Museu Antônio Parreiras; **p. 50**: Joaquim Nabuco © Alfredo Ducasble/Fundação Joaquim Nabuco; Escravos pavimentando a rua © Jean Baptiste Debret; **p. 51**: Recepção dos portugueses no Congo © Lafitau; Seções de um navio negreiro © Robert Walsh; **p. 52**: Casamento de escravos de uma casa rica © Jean Baptiste Debret; **p. 53**: Habitação de negros © Rugendas; **p. 54**: Antonio Clemente Pinto © Emil Bauch/Instituto Histórico e Geográfico Brasileiro/Museu da República; Plantação de café © Johann Steinmann/Pinacoteca do Estado de São Paulo; **p. 55**: Ex-escravos em plantação de café © Iconographia; **p. 56**: Duque de Caxias © Goupil/Library of Congress; *Combate naval do Riachuelo* © Vitor Meirelles/Museu Histórico Nacional; **p. 57**: D. Pedro II em acampamento no Rio Grande do Sul © *Semana Ilustrada*; **p. 58**: José Bonifácio © Sébastien Auguste Sisson; Escravagistas X abolicionistas © Ângelo Agostini/Iconographia; **p. 59**: José do Patrocínio © Iconographia; **p. 60**: Família Imperial assiste à missa campal em ação de graças pela abolição da escravidão © Iconographia; **p. 61**: Castro Alves © Iconographia; *Revista Ilustrada* © Ângelo Agostini/Iconographia; **p. 62**: Quintino Bocaiúva © Domínio público; *A Pátria* © Pedro Bruno/Museu da República; **p. 63**: Deodoro e seu estado-maior © Iconographia.

REPÚBLICA VELHA

p. 66: Barão do Rio Branco © Domínio público; Inauguração do Café do Rio © Iconographia; **p. 67**: Mulher passeia na Avenida Central © Iconographia; **p. 68**: Rui Barbosa © Fitz Gerald/Biblioteca Nacional; Escravos cozinhando na roça © Benoist/Victor Frond; **p. 69**: Chorões na Festa da Penha © Iconographia; **p. 70**: Prudente de Moraes © Galeria de presidentes do Museu da República; *Ato de assinatura do projeto da primeira Constituição* © Gustavo Hastoy/Senado Federal; **p. 71**: Compromisso constitucional © Aurélio de Figueiredo/Museu da República; **p. 72**: Pelé © Mondadori Collection/UIG Vintage/Universal Images Group/Mondadori Editorial/Latinstock; Seleção Brasileira de 1958 © Iconographia; **p. 73**: Remadores © Iconographia; **p. 74**: Francisco Mattarazzo © Domínio público; Complexo Fabril da Cia. Nacional de Juta © Iconographia; **p. 75**: Ficha de adesão ao Partido Comunista Brasileiro © Iconographia.

REPÚBLICA NOVA

p. 78: Getúlio Vargas © Galeria de presidentes do Museu da República; Vargas assina a Lei do Salário Mínimo © Iconographia; **p. 79**: Trabalhadores carregam faixa de apoio a Vargas © Iconographia; **p. 80**: Carlos Lacerda © Folhapress; Passeata fúnebre no Rio © Iconographia; **p. 81**: Manifestação pela morte de Vargas © Iconographia; **p. 82**: Jânio Quadros © Galeria de presidentes do Museu da República; Campanha de Jânio à presidência © Iconographia; **p. 83**: Jânio recebe Fidel Castro © Iconographia; Comitê eleitoral de Jânio © Iconographia; **p. 84**: Arthur da Costa e Silva © Galeria de presidentes do Museu da República; Exército cerca o Palácio Laranjeiras © Iconographia; **p. 85**: *Jornal do Brasil* © Iconographia; **p. 86**: Paulo César Farias © Claudio Versiani/Coleção Abril/Latinstock; Posse de Collor © Mila Petrilo/Folhapress; **p. 87**: Manifestação pelo impeachment de Collor © Antonio Scorza/AFP/Getty Images.

MEMORABILIA

Item 1: © Arquivo Nacional; **item 2**: © Biblioteca Nacional; **item 3**: © Acervo da Fundação Biblioteca Nacional – Brasil; **item 4**: © Arquivo Nacional; **item 5 e 6**: © Museu Imperial/Instituto Brasileiro de Museus/MinC – requerimento de autorização nº 68/2014; **item 7**: © Acervo da Fundação Biblioteca Nacional – Brasil; **item 8**: © Acervo particular de Alfredo Duarte Santos; **item 9**: © Biblioteca Nacional; **item 10**: © Acervo da Fundação Biblioteca Nacional – Brasil; **item 11**: © Arquivo Nacional; **item 12**: © Acervo da Fundação Biblioteca Nacional – Brasil; **item 13**: © Acervo Iconographia; **item 14**: © Fundação Getúlio Vargas; **item 15**: © Domínio público; **item 16**: © CPDOC/Jornal do Brasil.

A AUTORA

MARY DEL PRIORE é especialista em História do Brasil. Lecionou em várias universidades brasileiras, como a Universidade de São Paulo (USP) e a Pontifícia Universidade Católica do Rio de Janeiro (PUC-RJ). Concluiu pós-doutorado na École des Hautes Études en Sciences Sociales, em Paris. Possui mais de quarenta livros publicados, sendo vencedora de vários prêmios literários nacionais e internacionais, como Jabuti, Casa Grande & Senzala, APCA, Ars Latina, entre outros. Colabora em jornais e revistas, científicas e não científicas, nacionais e estrangeiros.